Psychoanalytische Zitate

Bernhard Rippe

Psychoanalytische Zitate

Markierungen einer Lernentwicklung als Psychologischer Psychotherapeut und Psychoanalytiker

Bibliografische Information der Deutschen Nationalbibliothek:
Die Deutsche Nationalbibliothek verzeichnet diese Publikation in der Deutschen Nationalbibliografie; detaillierte bibliografische Daten sind im Internet über http://dnb.dnb.de abrufbar.

Herstellung und Verlag:
BoD – Books on Demand, Norderstedt

ISBN 978-3-7322-4474-4

Inhalt

Einleitung

Die hier genannten Zitate gehen zurück auf meinen persönlichen Entwicklungs- und Veränderungsprozess mit der Psychoanalyse. In dieser langen Zeit – es sind ungefähr vierzig Jahre – haben mich psychoanalytische Texte immer begleitet. Einige gehören zu meinen festen inneren Beständen, zu denen ich häufig zurückfinde, die aber gleichzeitig anregend und herausfordernd wirken können. Das subjektive Potential der Zitate ist sehr präsent, weil sie inhaltliche Schwerpunkte markieren und – darum soll es hier gehen – mit einem Lernprozess verbunden sind, der auch für den Leser interessant sein könnte, vielleicht auch eigene Erinnerungen und Ordnungen anspricht. Dieser persönliche Weg der Identitätsbildung, den jeder Therapeut in eigener Weise vollzieht, wird in den folgenden Abschnitten immer wieder im Mittelpunkt stehen. Er ist in keiner Weise übertragbar, mit Ausnahme vielleicht einiger erkennbarer Stationen oder Phasen, wie sie auch in der Literatur über die Entwicklung des Psychotherapeuten beschrieben werden.

Bremen 2013

1. Die Symptomatik des Psychoanalytikers

Erikson schreibt zu diesem Thema (1971, S.15):

Wenn wir uns jetzt Freud, dem psychologischen Forscher und Entdecker zuwenden, so hoffe ich den Leser zu der Frage hinzuleiten, ob überhaupt irgend jemand, der nicht wenigstens zeitweise unter psychosomatischen Symptomen leidet, der nicht zeitweilig krank an seiner eigenen Art ist, je seine eigenen Spezies untersuchen könnte und wollte – vorausgesetzt, er verfügt über die Neigung, den Mut und die geistigen Fähigkeiten, seiner eigenen Neurose mit schöpferischer Ausdauer gegenüberzutreten.

Dieses Zitat hat mir schon immer gut gefallen, besonders auch die Fähigkeit des Autors, psychische Erkrankungen in akzeptierender und einfühlsamer Weise darzustellen. Über Freud und die Entdeckung der Psychoanalyse schreibt er z.B. (1971, S.30):

Das also sind die Ausmaße der Krise, in deren Verlauf und durch die die Psychoanalyse geboren wurde. Es sind die Jahre, in denen Freud manchmal von seiner Verzweiflung sprach und zugab, an neurotischen Symptomen zu leiden, die phänomenologische Aspekte einer schöpferischen Krise verraten. Er litt an einer Eisenbahnangst und an akuten Ängsten vor einem frühen Tod – beides Symptome einer übermäßigen Besorgnis angesichts der allzu schnell verfließenden Zeit. Eisenbahnangst ist eigentlich eine umständliche Weise, das klinisch auszudrücken, was wir sonst einfach Reisefieber nennen – eine fieberhafte Kombination von freudiger Erregung und Angst. Aber mir scheint, dass beides, auf mehr als auf einer Ebene, für

Freud bedeutete, er käme zu spät, er versäume den Zug, er ginge zugrunde, ehe er sein gelobtes Land erreicht habe. Wie sollte er zu Ende führen, was sein geistiges Auge im Umriss sah, wenn jeder einzelne Schritt so viel Arbeit, Zeit und Irrtümer mit sich bringt. Wie das häufig der Fall ist, führt eine derartig übermäßige Beschäftigung mit der Zeit zu ängstlichen Missgefühlen, die sich auf das Herz, unser Metronom und Zeitmesser, konzentrieren.

Die hier beschriebene Position in der narzisstischen Spannung zwischen der Realität und dem Größen-Selbst wird – in selbstpsychologischer Perspektive – häufig begleitet von verschiedenen Stufen der Idealisierung. Als historisches Beispiel für diese narzisstische Regulierung in helfenden Beziehungen kann auch die Freundschaft zwischen Freud und Fliess gesehen werden, besonders hinsichtlich der Entwicklung der wechselseitigen Abhängigkeit und ihrer schmerzhaften Lösung.

Fliess (1858–1928) war ein Berliner Hals-Nasen-Ohren-Facharzt, der sich mit Problemen der allgemeinen Biologie beschäftigte und mit dem Freud von 1887 bis 1901 intensiv befreundet war. Freud hatte zu dieser Zeit keine privaten engeren Beziehungen und kaum Kontakt zu Kollegen. Fliess wurde sein »Alter Ego«, sein »erstes Publikum« und »oberster Richter« (Jones 1960, Schur 1973). Da Freud zeitweise unter Herzbeschwerden, Kopfschmerzen und depressiven Verstimmungen litt, wurde der idealisierte Freund Fliess auch in die diagnostischen und therapeutischen Überlegungen mit einbezogen. Fliess gab zunächst dem Nikotin (Freud rauchte täglich Zigarren) die

Schuld, worauf Freud teilweise mit Erleichterung teilweise mit Schuldgefühlen reagierte, da er an diese Lösung nicht glaubte und sich fortwährend brieflich rechtfertigte, weil er das Rauchen nicht einstellen konnte. Ab 1895 vertrat Fliess eine neue Hypothese, die des »nasalen Reflexes«. Verbunden damit war die Vorstellung, dass eine bestimmte Gruppe von funktionalen und organischen Syndromen durch lokale Prozesse in der Nasenschleimhaut verursacht werden und durch Kokainanwendung oder chirurgische Eingriffe an der Nasenmuschel behandelt werden können. Freud vertraute Fliess vollständig und unterzog sich beiden Behandlungsverfahren.

Schur (1973, S.99f.) kommentiert:

Welche Aspekte der Beziehung Freuds zu Fliess waren einer Übertragungsbeziehung in der analytischen Situation vergleichbar? Einmal die extrem Überschätzung des Objekts, welche die kritische Bewertung von dessen Qualitäten, Arbeit, wissenschaftlichen Leistungen etc. beeinträchtigt; dann ein übertriebenes Verlangen nach Zustimmung und Lob, die Neigung, alle negativen Gefühle zu verleugnen; das Hin- und Herschwanken zwischen Unterordnung und Trotz, das die Ambivalenz anzeigt, die in jeder regulären Analyse unvermeidbar ist.

In kleinen Schritten, häufig verbunden mit starken Zweifeln und Schuldgefühlen, konnte Freud Ambivalenz innerhalb der Beziehung entdecken. Er bot weiterhin beständig seine Freundschaft an, wurde auch Helfer und Ratgeber, entfernte sich jedoch zunehmend von den alten Idealisierungen. 1904 kam es zum endgültigen Bruch, als Fliess den Vorwurf machte, dass

Freud unter seinem Namen Theorien von Fliess verbreitete.

Die erwähnten erheblichen Symptome Freuds wurden mir im Psychologiestudium bekannt, als wir Studenten – hin und wieder – freudsche Schriften diskutierten. Eine kritische Bewertung der Person Freud ist mir nicht in Erinnerung. Vielleicht liegt der Grund mit darin, dass unser Dozent damals (Prof. Dr. Th. Winkler aus Gütersloh) von uns wohl sehr bewundert wurde, zumindest von denen, die seine Vorlesungen regelmäßig wahrnahmen. Das sprachlose Beeindrucktsein stand eindeutig im Vordergrund, das galt für Freud, aber auch für unseren Dozenten.

Diese emotionale Besetzung von Psychoanalytikern überdauerte einige Praktika und den Beginn der psychoanalytischen Ausbildung im Alter von 26 Jahren (in Bremen stand gerade die Leitlinie im Vordergrund: »Die psychoanalytische Ausbildung ist so aufwendig und teuer für alle Beteiligten, da sollten auch mal Jüngere zugelassen werden, die Lebenserfahrung wird schon noch kommen«). Voller Anerkennung und Dankbarkeit profitierten wir von der enormen Arbeitsleistung der Gründergeneration. Aber einige Besonderheiten fielen mir dann doch schon auf. Einige meiner Dozenten-Eltern hatten offensichtlich Symptome (körperlich und psychisch), die deutlich in Verbindung zu den Kriegsfolgen standen. Diese Anteile der vielfachen positiven emotionalen Erfahrungen mit ihnen wirkten auf mich wie ein diffuses Grauen im Hintergrund. Ich glaube nicht, dass viele psychoanalytische Ausbildungsteilnehmer (auch aus der Generation der Kriegskinder) die traumatischen Erfahrungen dieser Zeit gut bearbeiten konnten. Horst-Eberhard

Richter weist gelegentlich darauf hin, dass in den Lehranalysen viele Trauma-Qualen berührt und gelindert werden konnten, ich kann ihm an dieser Stelle nicht überzeugt folgen. Ich habe viel mehr darüber erfahren, dass die Lehranalyse diese Thematik wenig oder gar nicht einbezogen hat.

Später lasen wir in Bremen natürlich auch die verschiedenen Arbeiten zur NS-Vergangenheit der Psychoanalyse, hörten von den Diskussionen z.b. in Frankfurt oder in Heidelberg und waren überzeugt, dass uns diese Öffnung in Bremen nicht erreichen würde. Dies traf zu bis Ende der 90er, danach gab es in einigen Gruppierungen des Institutes begrenzte Diskussionen, die aber nicht breit öffentlich geführt wurden. Einige Anlässe in den folgenden Jahren (wie z.b. Vorträge, Seminare, Diskussionen in der Großgruppe des Institutes, ein Film über die Gründergeneration) sind in ihrer Wirksamkeit auf eine zunehmende Offenheit schwer einzuschätzen. Vielleicht gibt es eine weitere Integration, falls die Diskussion der Traumatherapie in den Lehrplan des Instituts aufgenommen werden sollte. Bisher ist die Auseinandersetzung mit traumatischen Erfahrungen individuell und sehr unterschiedlich zentriert geblieben. Ein Versuch meinerseits war die Aufnahme einer Hörkassette, auf die ich in einem späteren Kapitel zurückkomme.

Als ein Schwerpunkt in der Symptomatik des Psychoanalytikers ist der vieldiskutierte Narzissmus bereits angesprochen worden, eine aktuelle Themenvariante ist wohl weiterhin die Verlockung der Therapeutentätigkeit für das Größenselbst und die Idealisierung.

Über die Idealisierungen berichtet bereits Alexander Lowen (1989, S.13f.) aus seiner Analyse bei Wilhelm Reich:

Er forderte seine Patienten zu Beginn jeder Sitzung auf, ihm alle negativen Gedanken zu sagen, die sie im Zusammenhang mit seiner Person hatten. Er glaubte, dass die Patienten nicht nur eine positive, sondern auch eine negative Übertragung (Transferenz) zu ihm hatten, und verließ sich erst dann auf die positive Übertragung, wenn sie ihm vorher alle negativen Gedanken und Vorstellungen mitgeteilt hatten. Mir fiel das außerordentlich schwer. Als ich Reich und die Therapie akzeptiert hatte, glaubte ich alle negativen Gedanken aus meinem Geist verbannt zu haben. Ich war der Ansicht, ich hätte keinerlei Einwände mehr. Reich war sehr großzügig zu mir gewesen, und ich zweifelte nicht an seiner Offenheit, seiner Integrität oder an der Stichhaltigkeit seiner Theorie. Also war ich entschlossen, die Therapie zu einem Erfolg zu machen, und öffnete mich Reich erst in dem Augenblick ganz, als sie fehlzuschlagen drohte... Damals suchte ich Reich dreimal wöchentlich auf, war aber blockiert, weil ich ihm nicht sagen konnte, was ich ihm gegenüber empfand. Ich wünschte mir insgeheim, dass er sich nicht nur als Therapeut, sondern auch wie ein Vater für mich interessierte, wusste jedoch, dass dieses Verlangen unangemessen war und mochte es deshalb nicht zum Ausdruck bringen. Ich kämpfte innerlich mit dem Problem und geriet in eine Sackgasse. Reich schien meinen Konflikt nicht zu bemerken... Ich war, nach einem Jahr Therapie, in eine Sackgasse geraten. Da wir keinen Ausweg sahen, schlug Reich vor, die Behandlung abzubrechen. »Lowen«, sagte er,

»Sie sind einfach nicht imstande, Ihren Empfindungen nachzugeben. Wollen Sie nicht lieber aufhören?« Seine Worte waren ein Verdammungsurteil. Aufhören hätte das Ende meiner Träume bedeutet. Ich brach zusammen und heulte. Es war seit meiner Kindheit das erste Mai, dass ich schluchzte. Ich konnte meine Gefühle nicht länger verbergen. Ich sagte Reich, was ich mir von ihm wünschte, und er hörte aufmerksam zu. Ich weiß heute noch nicht, ob Reich die Therapie tatsächlich beenden wollte oder ob sein Vorschlag nur ein Manöver war, um meine innere Sperre zu durchbrechen, aber ich hatte damals jedenfalls den Eindruck, dass er es wirklich ernst meinte. Und das Ergebnis war, dass die Therapie wieder anschlug.

Die hier gelingende Integration von narzisstischer Phantasie und Enttäuschungsverarbeitung hat in den folgenden Abschnitten immer wieder eine zentrale Bedeutung (siehe auch Kardiners Kritik an seiner Analyse bei Freud, im 8. Kap.).

Im heutigen Sprachgebrauch wird die Therapeutenstruktur häufig als depressiv-narzisstisch bezeichnet. Gemeint ist damit die Bindung an eine Suche nach Hilfe (zu geben und zu bekommen) und eine Sensibilität für Kränkungserfahrungen. In diesen Bereichen der emotionalen Reagibilität sind Psychoanalytiker sehr gefordert und manchmal auch stark belastet. Hans Hopf (2005, Seite 117) schreibt in einer Zusammenfassung:

Gibt es einen »typischen« Charakter bei Psychoanalytikerinnen und Psychoanalytikern? Und welche Menschen interessieren sich überhaupt für eine Ausbildung zum Psychoanalytiker? Das Thema hat ganze

Generationen von Analytikern beschäftigt, von Freud über Jones bis hin zu Greenson. Auch AliceMiller hat sich in ihrem Aufsatz »Das Drama des begabten Kindes« (1979) intensiv mit dieser Frage auseinandergesetzt und bei den Kandidaten, welche bei ihr Supervisionen machten und bei ihren Lehranalysanden ein ähnliches Kinderschicksal festgestellt. Meist hatten ihre Ausbildungskandidaten eine emotional unsichere Mutter, die für ihr narzisstisches Gleichgewicht auf ein bestimmtes Verhalten oder eine bestimmte Seinsweise des Kindes angewiesen war. Diese Unsicherheit konnte durchaus hinter einer harten und autoritären Fassade verborgen bleiben. Dazu kam eine erstaunliche Fähigkeit des Kindes, dieses Bedürfnis der Mutter oder beider Eltern intuitiv, also auch unbewusst zu spüren und zu beantworten, das heißt die ihm unbewusst zugeteilte Funktion zu übernehmen. Diese Funktion sicherte dem Kind langfristig die »Liebe«, eigentlich jedoch die narzisstische Besetzung durch die Eltern. Es spürte, dass es gebraucht wurde, und das gab seinem Leben die Existenzsicherung. Um zu überleben, lernte das Kind, sich einzufühlen. Es wurde so zum idealen Analytiker, zu einer mütterlichen Vaterfigur oder zur väterlichen Mutter (vgl. Greenson 1973, S.414).

Die Folgen dieser narzisstischen Anfälligkeit hat auch Eva Jaeggi (2004) untersucht. Sie kommt (in der Zusammenfassung von Kahl-Popp 2007, S. 101 f.) zu folgenden Ergebnissen:

Spätere Psychotherapeuten hätten als Kinder die Selbst-Objekt-Bedürfnisse ihrer Eltern bedient. Deshalb reproduzierten sie in ihrem Psychotherapeutenleben Aspekte dieser narzisstischen Beziehungsform, indem sie ein Leben aus zweiter Hand führten, in dem Patienten oder Ausbildungskandidaten ihre narzisstischen Bedürfnisse befriedigen sollten.

Psychotherapeuten seien besonders anfällig für Kränkungen. Berufliche Misserfolge seien immer mit dem Zweifel an der eigenen Person verbunden oder würden eigenen charakterlichen Mängeln oder dem eigenen Narzissmus zugeschrieben und nicht etwa Kompetenzmängeln z.B. kognitiver Art.

Der Glaube und das Vertrauen in die erworbene psychotherapeutische Methode – hier die psychoanalytische – sei durch die Erkenntnisse der Psychotherapieforschung zutiefst erschüttert. Alle Psychotherapieverfahren erzielten einigermaßen gleiche Erfolge und es gäbe keine Gewissheit darüber, wie psychische Leidenszustände zu lindern seien.

Die Unerträglichkeit, als Psychotherapeut wissenschaftlich mit »beiden Beinen fest in den Wolken« (S.27) zu stehen, und ein dem Pastoralen verwandtes moralisches Pathos, richtiger zu leben und zu handeln als andere Menschen, könnte eine Form des Selbstbetruges hervorgebracht haben. Dieser Selbstbetrug begünstige narzisstische Abwehrstrategien im kollegialen Umgang und im Umgang mit der Ausbildung des Nachwuchses.

Sicherlich wird die große Mehrzahl der Psychoanalytiker die inhaltlichen Aussagen zurückweisen und vielleicht das kritische Reflexionspotential teilweise bestätigen. Dabei gehe ich davon aus, dass wir uns alle an bestimmte Phasen unserer beruflichen Entwicklung erinnern, in denen innere Auseinandersetzungen mit naiven narzisstischen Anteilen eine wichtige Rolle spielten. Allerdings hat m.E. die zitierte umfassende Typologie in ihrer Ganzheit keine Berechtigung. Zu viele Differenzierungen gehen verloren (siehe z.b. die Befragung von Will 2006).

Interessant sind auch die Untersuchungen des Norwegers H. M. Ronnestadt über die Entwicklung von Psychotherapeuten, die ich hier aus einer Zusammenfassung von M. Buchholz (2005) zitiere. Dieses Phasenmodell ist u.a. wichtig, wenn es in der Ausbildung darum geht, sich auf den Entwicklungsstand der Kandidaten einzustellen. Hier gilt das Helfersyndrom nur als Einstiegsmotivation in die therapeutische Ausbildung, die sich in den folgenden Schritten differenziert und relativiert. Die einzelnen Phasen fasse ich sehr verkürzt zusammen:

1. Der Laienhelfer in der Familie
2. Suche nach Vorbildern und tragenden Theorien
3. Eine schulische Vorgabe dominiert
4. Desillusionierung und Alleinsein
5. Entwicklung der Technik in persönlicher Variation
6. Festigung des eigenen therapeutischen Idioms

Trotz dieser Differenzierungen (in einer gelingenden Entwicklung) zeigt auch das abschließende Beispiel eines sehr alt gewordenen Psychoanalytikers (Peters 2004, S.130) die Auseinandersetzung mit dem Helfersyndrom und der hohen Leistungsbereitschaft:

Als Psychoanalytiker hat Martin Grotjahn bereits in den fünfziger Jahren – und damit als einer der Ersten – zur psychotherapeutischen Arbeit mit älteren Menschen publiziert. In einem späten, autobiografischen

17

Aufsatz mit dem Titel »Der Tag, an dem ich alt wur-
de« reflektiert er über sein eigenes Älterwerden: »Vor
vielen Jahren hatte ich große Erwartungen an das
Alter. In meinen Phantasien wurde ich weise, viel-
leicht etwas losgelöst von den Sorgen dieser Welt;
Wünsche und Versuchungen ließ ich hinter mir, je-
doch ohne Frustration und deshalb auch ohne Ärger.
Schließlich, so meine Vorstellung, würde ich ohne
Schuldgefühle und Verpflichtungen einfach leben. Das
würde die wahre Freiheit sein, Freiheit von innerem
Druck und äußerer Bedrohung. Ich dachte, dass ich
als alter Mann endlich das sein könnte, was ich zu
sein wünschte, Ich selbst und frei.« Nach einer schwe-
ren Herzattacke, die er im fünfundsiebzigsten Lebens-
jahr erlitt, ist Martin Grotjahn erheblich einge-
schränkt. Diese Erfahrung verändert sein Denken
über das Alter, er fährt fort: »Aber jetzt fühle ich mich
alt. Ich arbeite nicht mehr und gehe auch nicht mehr
spazieren. Befremdlich genug, aber ich vermisse
nichts. Plötzlich stellte ich fest: 50 Jahre Arbeit sind
genug. Weder sorge ich mich länger um meine Patien-
ten, noch habe ich ein schlechtes Gewissen, weil ich
sie nicht genug verstehe und nicht weiß, wie ich ihnen
helfen kann. Ich bin frei von Schuldgefühlen, die unse-
re Arbeit sonst begleiten, weil man niemals das Ge-
fühl hat, so gut zu sein, wie es unsere Arbeit eigentlich
von uns verlangt. Lass sich nun andere sorgen. Mit
Arbeit und Sorgen habe ich abgeschlossen. Ich sitze in
der Sonne und betrachte das Laub, wie es langsam
über das Wasser des Swimmingpools getrieben wird.
Ich denke, ich träume, ich zeichne, ich sitze. Ich fühle
mich frei von Sorgen, fast frei von der Realität dieser
Welt. Doch ich liebe noch in einer stillen Weise und
werde geliebt von meiner Familie und meinen Freun-

den. Dieser südliche kalifornische Winter ist schöner, als ich ihn je zuvor gesehen habe. Wie hätte ich je denken können, dass ich glücklich sein könnte, einfach hier zu sitzen, ein wenig zu lesen und mich am Leben zu erfreuen in einer ruhigen und ausgeglichenen Art. Oder dass die Straße zu überqueren, um zur Ecke des Parks zu gelangen, mich mehr befriedigen würde als lange Wanderungen, die ich vor Jahren unternommen habe, als ich dachte, dass vier Stunden vielleicht nicht genug seien? Ich habe jetzt Zeit. Ich weiß nicht, wie viel mir noch zu leben bleibt, aber ich bin nicht in Eile, ich verspüre keinen Drang, noch irgendwo hin zu-gelangen, nicht einmal an das Ende der Zeit. Das kann warten, und wenn es kommt, werde ich versu-chen, es zu akzeptieren, obwohl ich keine Illusionen habe; es wird nicht leicht sein. Bis jetzt lebe ich in der Gegenwart und möchte hier noch ein wenig länger ruhig sitzen. Ich hatte mich an die Vorstellung ge-wöhnt, dass das Alter eine Leistung sei. Jetzt weiß ich es besser: krank zu werden und weiterzuleben, das ist die Leistung.«

Diese Beschreibung ist erstaunlich und tröstlich zu-gleich. Natürlich ist wohl nicht davon auszugehen, dass es sich um eine dauerhafte Stimmungslage han-delt, wohl eher um einen vorübergehenden Zustand und eine Narration, die eine unter mehreren anderen sein wird. Aber trotzdem wird ein Selbst vermittelt, das über eine tragende Kontinuität verfügt und mit dem Leben verbunden bleibt. Im psychoanalytischen Verständnis wird diese Möglichkeit und Fähigkeit getragen von den ausreichend guten frühkindlichen Erfahrungen, die das emotionale Gedächtnis bestimmen, die fortlaufend überarbeitet werden, aber trotzdem ihre Ausstrahlung und Wirkung behalten.

2. Der Weg zur Psychoanalyse

Kennel (1974f, S.121f) schreibt zur unbewussten Behandlungsmotivation eines Patienten für eine psychoanalytische Therapie:

Im Analytiker ahnen sie gleichsam ein neues menschliches Objekt, an dem sie Befriedigung erfahren könnten. Die gesamte reichhaltige Skala der libidinösen, aggressiven und narzisstischen Strebungen aus allen Entwicklungsphasen des kindlichen Seelenlebens kommt hier in Betracht. Der dominierende, unbewußte Wunsch, der einen Patienten in psychoanalytische Behandlung führt, kann also etwa das Bedürfnis nach Abhängigkeit von einem zärtlich sich zuwendenden Objekt nach dem Vorbild der Mutter in den allerersten Lebensjahren sein oder der Wunsch, die verbotenen, inzestuösen Triebziele doch noch zu erreichen; es mag der Wunsch bestehen, Rache zu nehmen für erlittene Enttäuschungen und Kränkungen oder das Bedürfnis, die phantasierte Vollkommenheit und Allmacht der Kindheit wiederherzustellen. Es sind diese so offenkundig unvernünftigen, unerfüllbaren, anscheinend dem Ziel der Behandlung, das doch in größtmöglicher Autonomie von inneren Pressionen besteht, so deutlich zuwiderlaufenden Triebwünsche, die gleichwohl die stärksten Motive dafür abgeben, die Behandlung nicht nur aufzunehmen, sondern sie auch durchzuhalten.

Diese unbewusste Ausrichtung gilt m.E. – als sinnvolles Interpretationsmuster – auch für die Lehranalyse und die psychoanalytische Ausbildung. Mein persönlicher Weg zur Psychoanalyse folgt dabei den gleichen Hintergrundmotiven, wie ich sie auch bei Kolleginnen und Kollegen immer wieder erfahren habe. Ich war der kindliche und jugendliche »Laienhelfer« in einer traumatisierten Familie. Diese ebenso narzisstische wie perspektivlose Hilfe wollte ich in meinem angestrebten Beruf nicht wiederholen, aber es wohl auch besser machen. Damals – zu Beginn meiner Ausbildung – habe ich meine Motivation nicht so zusammengefasst, viele Teilaspekte haben mich beschäftigt, die ich heute unterschiedlichen Tiefendimensionen aber auch bewusstseinsnahen Selbstkonzepten zuordnen würde. Als sich dann im Rahmen einer wissenschaftlichen Arbeit die Möglichkeit ergab, Entscheidungsprozesse von Patienten genauer zu untersuchen, die zur Aufnahme einer Therapie führen, habe ich mich jahrelang erneut und in Abständen bis heute mit diesem Thema beschäftigt. Dazu gehören auch die Überlegungen, warum eine Therapie beendet oder noch einmal fortgesetzt wird.

Die unbewusste Tiefendimension und das Selbstkonzept

Zuerst zur unbewussten Behandlungsmotivation eines Patienten. Sie wird verstanden als Suche nach einer lebensgeschichtlich vorgeprägten Objektbeziehung, die – interpretiert durch das Konzept Übertragung und Gegenübertragung – als komplexe Beziehungsstruktur identifiziert wird und die eine Kompromissbildung zwischen emotionalen Grundbedürfnissen und Abwehrmechanismen darstellt. Kennel hat diesen unbewusst dominierenden Wunsch beschrieben.

Allerdings unterliegt die Wirksamkeit dieser Objektsuche wiederum einer intrapsychischen Zensur, so dass der spezifische Modus unbewusst gehalten wird bzw. als Mixtur zwischen Wunsch und Vermeidung in Erscheinung tritt. Deshalb ist die folgende komplizierte Ausgangssituation typisch: Leidet ein Patient z.B. unter einer schweren Phobie, die ihn sehr behindert, seine Wohnung zu verlassen, Kontakt zu anderen Personen zu entwickeln und ohne die ständige Anwesenheit eines einzelnen nahen Partners auszukommen, dann gibt das psychoanalytische Verständnis sowohl seinem bewussten Veränderungswunsch als auch seiner unbewussten Objektfixierung jeweils nur ein Teilgewicht.

Sucht dieser Patient im Analytiker z.B. ein Objekt der Anlehnung, von dem er sich aber gleichzeitig eingeengt und verfügt fühlt, dann bleibt die Ambivalenz der Nähe- bzw. Anlehnungswünsche und Ängste in der Verdrängung, d.h. der Analytiker wird zum gesuchten und gemiedenen Objekt in der Übertragung. Infolge dieser intrapsychischen Dynamik bleibt die Überlegung und Entscheidung schwierig, welche Faktoren den Patienten bewegen könnten, eine konfliktaufdeckende Behandlung zu beginnen, die gegen seine ursprünglichen Verdrängungen arbeitet und die ihn mit sehr beunruhigenden Wünschen und Ängsten konfrontieren wird.

Der o.g. phobische Patient wird also u.a. in seine Selbstwahrnehmung integrieren müssen, dass er die ständige Anwesenheit seines Partners braucht, da er ansonsten von bedrohlichen aggressiven Phantasien überflutet werden könnte (der »beschützte Beschützer«). Aus diesem Wechselspiel der unbewussten

Kräfte begründet sich die beständige Ambivalenz des Patienten gegenüber seiner eigenen Entscheidung.

Werden psychoanalytische Interpretation und Selbstwahrnehmung des Patienten gegenübergestellt, fallen unterschiedliche Schwerpunkte auf, die das folgende Fallbeispiel veranschaulicht (Rippe 1985, 1995, 2002).

Fallbeispiel Herr A.:

Der Patient ist ein 22jähriger Student, hier Herr A. genannt, mit der klinischen Diagnose: Angstneurose.

a) Beziehungspersonen
Der Patient stammt aus einem sogenannten »gutbürgerlichen« Kleinstadtmilieu. Sein wesentlicher Lebensraum war ein großes Haus, in dem seine Eltern mit den Eltern der Mutter lebten und ein großer Garten, der weitgehend unter der Regie des Großvaters stand. Der Großvater war im Erleben des Patienten der starke Mann in der Familie, der unermüdlich arbeitete, viele Geschichten aus der Vergangenheit humorig und unterhaltsam erzählen konnte, persönlichen Gefühlen jedoch weitgehend auswich, stattdessen Härte und Durchsetzungskraft verbreitete. Er verlangte von seinem Enkel, ihm ähnlich zu werden, ihn höchstens im beruflichen Erfolg zu übertreffen. Die Großmutter war nach Schilderung des Patienten die starke Frau im Hause. Sie musste alles wissen, über alles befragt werden, sie bestimmte und verfügte, ohne jemandem ein Mitspracherecht zu geben. Sie verlangte von ihrem Enkel Ordentlichkeit, Gehorsam und totale Anpassung.

Der Vater spielte eine geringwertige Rolle, zog sich in seine Arbeit zurück und gab selten Impulse zu einer Auseinandersetzung. Er verlangte Ruhe. Die Mutter verhielt sich durchgängig ängstlich und elterngebunden, sie traf keine eigenen Entscheidungen. Sie verlangte von Herrn A. Rücksichtnahme und Einfühlung in ihre schwierige Situation.

b) Entwicklung des Patienten
Der Patient wurde als zweites Kind nach einem drei Jahre älteren Bruder geboren. Er war von den Eltern und Großeltern gleichermaßen erwünscht. Der Patient war von früh an einerseits kränklich (viele Erkältungskrankheiten, Mandelentzündungen, verlängertes Einnässen), nach außen hin jedoch robust und wenig ängstlich im Sinne seiner Hauptbeziehungsperson, des Großvaters. Häufige Konsultationen des Hausarztes geschahen eher heimlich auf Veranlassung der Mutter. Er hatte bereits als Kind wenig Kontakt, wurde zu nützlicher Arbeit angehalten und vom Spiel ferngehalten. Noch vor der Schulzeit entwickelte Herr A. eine massive Angstsymptomatik – nächtliche Angstträume, Angst vor dem Alleinsein abends bzw. in der Dunkelheit, die jedoch weitgehend ignoriert wurde.

In der Schule war Herr A. zunächst ein unauffälliger, fleißiger und auch von den Zensuren her guter Schüler, der schließlich auch das Gymnasium besuchte, wo seine Leistungen schrittweise aber kontinuierlich abnahmen. Die Kontaktstörung nahm zu, fiel jedoch der Umwelt nicht besonders störend auf, da der Patient überwiegend sehr anpassungsbereit und folgsam war und höchstens stummen Protest übte. Eine selbständige bzw. sogar aggressive Auseinandersetzung fehlte in allen Bereichen. Der Beginn des Studiums, das Fortziehen aus dem Elternhaus, die erhöhten Selbständigkeitsforderungen, das Alleinsein bedeuteten für Herrn A. eine erhebliche Belastung. Er reagierte zunächst mit einer erhöhten Anfälligkeit für körperliche Erkrankungen, nach wenigen Semestern mit einer hypochondrisch-ängstlichen Symptomatik. Der Patient durchlief die üblichen Untersuchungsverfahren, wechselte häufig den Arzt, wurde in zwei Kliniken gründlich untersucht, eine Beruhigung der Symptomatik stellte sich nicht ein. Da er eine Neigung zum Selbststudium, zur Selbsthilfe entwickelt hatte, studierte er zunehmend psychologische Literatur, durchforstete alle greifbaren Bücher und Zeitschriften über Angstneurosen und begann eine recht mühsame Suche nach einer psychotherapeutischen Hilfe.

c) Psychodynamische Hypothese über die aktuelle neurotische Erkrankung.
Die spezifische Psychodynamik der vorliegenden Neurose liegt in einem Konflikt zwischen Sicherheits- und Abhängigkeitswünschen einerseits und aktiv-aggressiven Potentialen andererseits, die von früher Kindheit an in einem unlösbaren Widerstreit gehalten wurden.

Aufgrund der mehrfachen Gebundenheit an die primären Liebesobjekte hat der Patient insbesondere eine wichtige Ich-Funktion – den Umgang mit aggressiven Regungen – nicht entwickeln können, da innerhalb seiner Familie keine Möglichkeit bestand, ambivalente Gefühle zum Ausdruck zu bringen und zu gestalten. Der Patient stand vor der wohl unlösbaren Aufgabe, eine totale Auslieferung und Selbstaufgabe seinerseits zu vermeiden. Sein Lösungsversuch im Kampf um die Entwicklung seiner Ich-Grenzen lag in einer fortschreitenden Distanzierung, einer rigiden Gefühlsabwehr und in der beinahe totalen Verleugnung seiner Abhängigkeitswünsche. Die einzelnen manifesten Symptombildungen in verschiedenen Entwicklungsstadien lassen sich als Durchbruch depressiver Strukturanteile verstehen, die symbiotische Bedürfnisse signalisieren, welche wiederum durch eine idealisierte narzisstische Abwehr eingeschränkt werden müssen.

In dieser intrapsychischen Auseinandersetzung zwischen den anlehnenden und abgrenzenden Potentialen kann der Analytiker die entscheidenden Kräfte im Zustandekommen des Therapieinteresses vermuten. Der Bücherkonsum ließe sich als »Angst vor Abhängigkeit und Nähe« interpretieren, die Hinwendung zur Therapie als partielle Milderung dieser Angst und Aktualisierung einer diffusen Hoffnung, ein schützendes und stärkendes Idealobjekt zu finden. Demnach folgt auch hier die Interpretationsarbeit den gewohnten Mustern, wie sie in den vorausgegangenen Abschnitten zugrunde gelegt sind. Kontrastierend dazu setzt die **Selbstwahrnehmung** des Patienten andere Akzente.

Der Entscheidungsprozess, eine Psychotherapie aufzusuchen, verlief nach der Schilderung von Herrn A. etwa in folgenden Schritten.

Zunächst habe subjektiv für ihn keine Veranlassung bestanden, eine psychische Verursachung seiner Symptomatik in Erwägung zu ziehen, da auch die ihn behandelnden Ärzte nicht nach psychologischen Verstehenszusammenhängen suchten, ständig die gleichen Untersuchungen wiederholten und Beruhigungsmittel verschrieben. Die Symptomatik verschärfte sich zunehmend, wobei aus psychoanalytischer Sicht insbesondere die erhöhte Dosierung der Beruhigungsmittel dazu beitrug, das aktiv-aggressive Potential des Patienten in der Verdrängung zu belassen, so dass er verstärkt in einen Zustand der Müdigkeit, der Lethargie, der ausweglosen Depression geriet. Er war nicht mehr in der Lage zu arbeiten, Vorlesungen und Seminare zu besuchen, legte unter einer kaum tragbaren Belastung eine Zwischenprüfung erfolgreich ab und zog sich dann für ein halbes Jahr ins Elternhaus zurück. Die Möglichkeit, sein Studium einmal fortsetzen zu können, hielt er überwiegend für ausgeschlossen, an eine zukünftige reale Existenz mochte er nicht mehr glauben. Die einzige durchgängige Aktivität des Patienten beschränkte sich auf einen immensen Bücherkonsum.

In seinem Selbststudium psychologischer Literatur über psychosomatische Erkrankungen hatte der Patient in erster Linie Freuds »Gesammelte Werke« und umfassende Kompendien gewählt (Nunberg, Loch usw.). Von den triebtheoretischen Ansätzen und Beispielen war er befremdet und verunsichert, arbeitete sich jedoch trotzdem kontinuierlich in speziellere Bereiche vor. Als er erste ihm plausible Zusammenhänge entdeckte, begann er ab morgens sieben Uhr bis abends – so gut es seine Arbeitsstörung erlaubte – zu lesen und sich Notizen zu machen.

Am Vorabend seiner telefonischen Anfrage nach einer Psychotherapie las er einen Abschnitt in einem Fachbuch, in dem es besonders darum ging, dass ein guter Arzt nicht nur die Symptome eines Patienten beachtet, sondern die Lebensumstände und die emotionale Befindlichkeit insgesamt ins Blickfeld nimmt. Erst zu diesem Zeitpunkt der Vorgespräche wird für Herrn A. deutlich, dass er eine Therapie sucht, weil sich verschiedene Motive in einem Kulminationspunkt miteinander verbinden. Die angstneurotische Symptomatik besteht seit Jahren, in akuten Angstsituationen zieht sie alle Energie auf sich. Die Isolation wird von Herrn A. als stärker bedrohlich empfunden, sie zerstört seine Zukunftsperspektive. Als produktive Kraft hofft er auf einen Mentor (siehe Zitat), der ihn versteht und der ihm möglicherweise helfen kann. Dieses Bedingungsgefüge ist **nicht tief unbewusst**, enthält aber gleichzeitig wichtige Determinanten für eine therapeutische Zusammenarbeit.

(1) Nutzbar wird eine neue Wahrnehmungsebene, die Patient und Therapeut helfen kann, die Therapieentscheidung als subjektiv sinnvoll, in der aktuellen Lebenspraxis eingebettet, zu identifizieren. Dadurch wird eine partielle Identitätsarbeit geleistet. Dieser Interpretationsversuch differenziert auch die Selbstwahrnehmung des Therapeuten, der in seiner emotionalen und kognitiven Reaktion an Beziehung gewinnt, wenn er einen Patienten wahrnimmt, der z.B. an einer »Angstneurose« leidet, jetzt aber unter einem ausdeutbaren Bedingungsgefüge ein Therapieinteresse anmeldet.

(2) Im Rahmen der Indikationsstellung – und zwar hier spezifisch die subjektive Indikation betreffend – eröffnet die Reflexion der Patientenentscheidung Anhaltspunkte und Hinweise, ob beide Beteiligten voraussichtlich in der Lage sein werden, miteinander eine emotionale Erfahrung zu machen, die wiederum als tragfähige Objektbeziehung die sichere Grundlage des psychoanalytischen Prozesses darstellen kann. Dieser diagnostischen Einschätzung wird allgemein neben der Kennzeichnung des Krankheitsbildes, der

Konfliktstruktur, der Beziehungsdynamik und der jeweils spezifischen Gefährdungen für den Patienten eine hohe Bedeutung zuerkannt.

(3) Da die erste Behandlungsphase überwiegend der Herstellung einer Objektbeziehung dient, die den regressiven Therapieprozess möglichst sicher umfassen soll, sind alle Erfahrungen von Bedeutung, die diese partielle Stabilisierung unterstützen. Erst auf der Grundlage einer fusionären Beziehung entsteht eine Identifikation als aktive Ich-Leistung und damit ein Prozess, der durch einen produktiven Einstieg in den Therapieprozess gefördert wird und der eine angstmildernde Rolle gegenüber einer (manchmal zu frühen) Hinwendung zu den latenten Konfliktebenen darstellt.

Daneben ist zu beachten, dass in einer ersten Therapiephase genetische Rekonstruktionen den Patienten im Allgemeinen nicht erreichen werden, so dass andere Gesichtspunkte an Bedeutung gewinnen, wie z.B. der Beginn einer gemeinsamen Geschichte für Patient und Therapeut, die ihren Anfang findet im Therapieinteresse des Patienten und möglicherweise in einem Dialog über sein Bedingungsgefüge. Über die Reflexion dieser Ebene kann eine Objektbeziehung hergestellt werden, die für den Patienten evident ist, gerade weil sie sich auf Stationen gemeinsamen Erlebens bezieht.

Die produktive Einarbeitung dieser Interpretationsebene kann in einem konkreten Gesprächsausschnitt den folgenden Verlauf nehmen:

Fallbeispiel Herr S.:

Herr S. (34 Jahre, Studienrat) berichtet: »Ich schlage mich seit vielen Jahren mit Problemen herum, die ich nicht bewältigen kann. Ich bin nervös, angespannt, unsicher, habe große Ängste, mich überhaupt zu äußern, sitze sehr häufig deprimiert in der Gegend rum. Nachts schlafe ich sehr schlecht, plötzlich bekomme ich Atemnot oder auch Magen- und Herzschmerzen. Tagsüber besteht ein permanenter Erschöpfungszustand, so dass ich nur wenige Stunden überhaupt arbeiten kann.«

Auf meine Frage, wie lange das schon gehe, antwortet Herr S.: »Mir kommt es so vor, als ob es schon immer so gewesen sei, aber in der Ausprägung wie heute, da würde ich sagen, seit etwa 15 Jahren.«

Ich frage Herrn S., ob er bereits vor 15 Jahren an eine Psychotherapie gedacht habe oder erst später und ob er sagen könne, warum er gerade jetzt hier sei. Die Frage löst zunächst eine erhebliche Ratlosigkeit aus.

Herr S.: »Ich hätte vielleicht einen konkreten Fingerzeig haben müssen, vielleicht war es auch mangelnde Information, mangelnde Kenntnis. Nein, das kann auch nicht stimmen, vor Jahren war ich kurzfristig in einer Klinik, der Hausarzt und der Klinikarzt haben beide auf die Notwendigkeit einer Psychotherapie hingewiesen. Sicher ging es mir damals so schlecht wie heute ... nein, auch das stimmt so nicht ... eigentlich fühle ich mich heute insgesamt etwas besser, vielleicht ist das ja der entscheidende Punkt ...«

Bei einer weiteren Nachfrage geht Herr S. spontan einige Stationen seiner Lebensgeschichte durch, ist jedoch letztlich ratlos, was ihn eigentlich heute zur

Psychotherapie führt und nicht zu irgendeinem anderen, in der Erinnerung durchaus möglichen Zeitpunkt. Herr S. setzt von sich aus seine Überlegungen fort. Er spricht Gefühle an, alles nicht alleine schaffen zu können, ständig in einem permanenten Erschöpfungszustand zu leben und keine Kontakte aufrechterhalten zu können.

Zwischendurch relativiert er wieder: »Es hat aber schon Zeiten gegeben – im Gegensatz zu heute – da ist mir alles so schwer geworden, dass ich nur noch sitzen und weinen konnte. Es nahm da gar kein Ende mit diesen depressiven Phasen, sie wurden länger und stärker.«

Die Ratlosigkeit von Herrn S. hält an. Ich erkundige mich daraufhin – relativ ungerichtet – nach seiner beruflichen Entwicklung. Herr S. berichtet zunächst von seiner Bundeswehrzeit bei der Luftwaffe, von Gefühlen der Angst, des körperlichen Unbehagens, der Empörung über Abhängigkeiten (»Man wird vergewaltigt, man hat überhaupt keinen Einfluss«). Ähnliche Gefühle habe es während des Studiums (gegenüber Hochschullehrern) auch gegeben, später dann in der Schule, insbesondere bei älteren Kollegen und Vorgesetzten Herr S.: »Ich sage nicht meine Meinung, ich finde sowieso nicht den richtigen Ton, ich habe große Angst, jemanden zu verletzen.«

Zum szenischen Verständnis kann ich an diesem Punkt hinzufügen, dass Herr S. nach dem Ansprechen seiner Angst, jemanden zu verletzen, wie nebenbei sagt, dass er nicht bequem sitze und dass das an dem Stuhl ›für Patienten‹ liege. Ich bemerke bei mir, dass ich augenblicklich körperlich angespannt reagiere und verbuche dies als körperliche Verteidigungsaktion auf einen latenten, massiven, aggressiven Angriff. Meine Körperreaktion scheint außerdem die Abwehrform des Patienten widerzuspiegeln.

Während der nächsten ca. 15 Minuten beschäftigen wir uns mit der Frage des »Nichtverletzenkönnens« und der lebensgeschichtlichen Hintergründe. Ich frage Herrn S. dann nach näheren Beziehungen früher und heute. Er antwortet kurz und abweisend: »Drei Beziehungen haben eine Rolle gespielt, alle sind in die Brüche gegangen, ich weiß nicht, aus welchen Gründen, fragen Sie mich nicht, damit bin ich total überfordert.« Ich frage trotzdem nach, und es lässt sich gemeinsam thematisieren, dass die zerbrochenen Beziehungen etwas mit nicht geführten Auseinandersetzungen zu tun haben.

Ich versuche dann die aktuellen Beziehungen weiter zu klären, indem ich Herrn S. darauf hinweise, dass ich im Unklaren bin, ob er heute allein oder in einer Partnerschaft lebe. Für mein Gefühl »widerwillig-trotzig« berichtet Herr S., dass er eine neue seit zwei Jahren bestehende Beziehung zu einer Frau habe, an der er stärker hängen würde als an den früheren Beziehungen. Fast ein wenig schwärmerisch berichtet er über Eigenschaften dieser Frau, ihre Wärme, ihre Zuverlässigkeit, wie wichtig ihm selbst diese Zweisamkeit sei. Herr S.: »Seitdem M. in Bremen ist, geht es mir besser.«

Etwas überrascht frage ich, wo sie denn vorher gewesen sei und erfahre, dass M. im letzten Sommer aus Süddeutschland zu Herrn S. nach Bremen gezogen sei. Ungefähr drei Wochen später hat Herr S. sich zu Vorgesprächen angemeldet. Als ich auf diesen möglichen Zusammenhang hinweise, sagt Herr S.: »Eigentlich ist mir das ja ganz klar, dass ich unheimlich Angst habe, dass auch diese Beziehung wieder kaputt geht.«

Ich erkundige mich, ob seine Freundin von diesen seinen starken Ängsten wisse. Herr S. verneint, ich versuche daraufhin die Gründe für seine Abgrenzung zu thematisieren, was wiederum Herrn S. erstmalig veranlasst, über intime Gefühle und Ängste mit seiner Freundin zu sprechen.

Der Verlauf insgesamt verdeutlicht, dass gemeinsame Überlegungen zur Therapieentscheidung **nicht sofort gegenwärtige, aber relativ bewusstseinsnahe** Zusammenhänge eröffnen. Nach der jetzt aktuellen Einschätzung des Patienten wird er nicht in erster Linie durch seine Krankheit oder durch eine Verschlechterung seines Befindens zum Therapieinteresse veranlasst, sondern – nimmt man diesen Ausschnitt – durch das Erlebnis einer ihn **existentiell bedrohenden Angst** (Verlust der Beziehung) und einer **gleichzeitigen positiven Wertzuschreibung** oder Hoffnung (Aufrechterhaltung der Beziehung). Aus einer späteren Therapiesitzung kommt noch eine weitere Information hinzu.

Herr S. hat von einem Kollegen erfahren, dass dieser einen Jugendlichen – in Gesprächen mit ihm und seinen Eltern – intensiv in der Zuführung zu einer analytischen Psychotherapie unterstützte. Ohne über sich selbst zu sprechen, hat Herr S. sich daraufhin eine Reihe von Informationen eingeholt.

Die hier dargestellte Orientierung am Selbstkonzept des Patienten – an seiner aktuellen Leidens- und Hoffnungssituation – ermöglicht auch wichtige Hinweise zur Verarbeitung des Therapieendes. Hierauf möchte ich jetzt zum Abschluss dieses Kapitels eingehen.

Die psychoanalytische Literatur zum Behandlungsende ist insgesamt weit verstreut, aber quantitativ durchaus reichlich. Für den praktizierenden Therapeuten ist es jedoch unübersehbar und wenig erfreulich, dass ein praxeologisches Durchdringen und Vertiefen der behandlungstheoretischen Konzepte nicht gelungen und in seiner mageren Bilanz auch selten beschrieben ist. Bis heute ist Konsensus geblieben: Die Beendigung einer Therapie gehört häufig zu den schwierigsten Stationen eines Therapieprozesses. Annie Reich schreibt bereits 1950:

Selbst nach gründlicher Analyse der Übertragung und nach Ermäßigung ihrer wichtigsten infantilen Sexualkomponenten ist die Beziehung zum Analytiker noch immer keine völlig reife. Wir müssen sagen, dass die Übertragung weiterhin der Erledigung harrt. Der Analytiker ist für den Patienten immer noch eine übertrieben wichtige Person, auf die er Phantasie-Erwartungen setzt. In fast allen Fällen, die ich analysiert habe, lebte die Hoffnung fort, vom Analytiker geliebt zu werden, mit ihm in Berührung zu bleiben, Freundschaft mit ihm zu schließen. Der Analytiker wird weiterhin für jemand gehalten, der mit ungewöhnlicher Macht, ungewöhnlicher Intelligenz und Weisheit ausgestattet ist. Kurzum, der Analytiker wird immer noch für jemand gehalten, der an der Allmacht teilhat, die das Kind seinen Eltern beimisst.

In der Geschichte der Psychoanalyse und bis heute fortbestehend gibt es zwei technische Haltungen zum

Therapieende (verbunden mit Stone 1961 und Glover 1955). Die eine Empfehlung ist, den analytischen Prozess bis zur letzten Sitzung unverändert fortzusetzen (Glover), die andere Position favorisiert die langsame Lösung der Übertragung durch eine Veränderung des Settings (geringere Frequenz, gegenübersitzen).

Meine eigene Position orientiert sich auch – wie bei der Therapieentscheidung – am Selbstkonzept des Patienten, nämlich an den Überlegungen zum lebenspraktischen Sinn einer Beendigung oder einer Fortführung der Therapie. Dazu habe ich (1995, 2002) einen Beitrag geschrieben, in dem es um die Frage geht, ob trotz der Vielfalt der Gefühle (zwischen Hoffnung und Enttäuschung) eine deutliche Perspektive der Begrenzung gefunden werden kann. Hierin sehe ich eine wichtige Komponente des Therapieendes.

Diese Perspektive geht davon aus, dass es **einen potentiellen Kulminationspunkt der Entscheidung geben kann, sobald der Zeitpunkt der Beendigung ins Auge gefasst wird.** Dadurch entsteht eine Zeitstruktur, in der Krisenpunkte bzw. Schlüsselereignisse die neue Strategie festlegen. Zur Verdeutlichung berichte ich zwei Beispiele über Herrn B. und Frau W.

Herr B. ist selbständiger Kaufmann, 43 Jahre alt, in kinderloser Ehe verheiratet. Seit dem 20. Lebensjahr leidet er unter schweren psychovegetativen Symptomen, hat in Abständen Ohnmachtsanfälle und einen insgesamt sehr hohen Angstpegel. Die erste symptomatische Zuspitzung entwickelte sich in einer relativ übersichtlichen Auslösesituation. Herr B., der ein begeisterter und guter Hobbyfotograf ist, hatte eine vergrößerte Fotografie seinem Bruder geschenkt und bei einem Besuch festgestellt, dass sein Werk nur hinter dem Schrank steht. In diesem Augenblick ließ sich ein Affektstau von narzisstischer Wut, Neid und archaischer Rache nicht mehr unter Kontrolle halten und führte zu einer Symptomkrise. Anschließend machte Herr B. umfangreiche psychotherapeutische Erfahrungen in Kliniken, in verschiedenen Gruppen- und Einzeltherapien. Ein Schwerpunkt unserer gemeinsamen Arbeit war, dass der Patient als ca. zweijähriges Kind aus einer spezifischen familiären Konfliktsituation heraus abgegeben bzw. abgeschoben werden musste und er die damit zusammenhängenden Vergeltungs- und Todeswünsche in der Körpersymptomatik verarbeitete.

Trotz dieses massiven pathogenen Hintergrundes und der langen Krankengeschichte hatte sich die Analyse teilweise recht gut entwickelt. Herrn B.s Leben war nicht mehr tot, seine psychische Existenz hatte sich erweitert, er fühlte sich direkt angesprochen, wenn er gemeint war und der unerträgliche Gedanke, kein ausreichend stabiles Identitätsgefühl zu haben, hatte sich gemildert.

In der Abschlussphase der Therapie, der Zeitpunkt der Beendigung war noch nicht ganz genau festgelegt, verursachte der Patient auf der Fahrt zur Analyse einen leichten Unfall (mit allerdings hohem Sachschaden), den er allein verschuldet hatte. Nach der üblichen Unfallabwicklung lief Herr B. noch in starker Aufregung zum nächsten Telefon, rief mich an, teilte das Geschehen mit und drohte schimpfend: »Wenigstens diese Stunde werde ich nicht bezahlen!«

Zur nächsten Stunde kam der Patient erleichtert und weniger verärgert als in vergleichbaren Situationen und erklärte folgende Zusammenhänge (ich gebe seine Position über mehrere Stunden zusammenfassend wieder): »Das war unsinnig mit meiner Androhung am Telefon, aber die Wut war so groß. Ich weiß ja, wie es weitergehen könnte, und den Ausgang dieser Diskussion kenne ich auch. Ich habe auch zu Hause gesessen und gegrübelt, wie es eigentlich zu diesem Unfall gekommen ist. Nein, eigentlich habe ich nicht über die Gründe nachgegrübelt, da ist mir ja allerhand eingefallen. Ich habe wohl mehr darüber nachgedacht, dass das ewige Suchen und Bohren irgendwo auch unsinnig ist. Ich habe ja auch eine Vollkaskoversicherung abgeschlossen, das wäre vor Jahren ja noch völlig unmöglich für mich gewesen. Genauso wenig konnte ich ja Rechnungen schreiben, Schulden anmahnen, mit anderen Leuten verhandeln usw. Da ist mir auch eingefallen, was mich am Anfang unserer Therapie so in Gang gebracht hat. Ich stand ja immer zwischen Klinik und Therapie und statt nun erleichtert zu sein, endlich wieder einen Therapieplatz zu haben nach zwei Absagen, bin ich immer zu spät gekommen. Verbittert habe ich auf der Couch gelegen und auf die Deutungen gewartet und da haben Sie ziemlich mürrisch gesagt »Kaufen Sie sich mal 'ne Uhr«. Ich habe die Uhr gekauft und Sie Ihnen beleidigt und stolz unter die Nase gehalten. So ist das, ohne Uhr auch keine Vollkaskoversicherung. Ich weiß ja, omnipotent wie ich bin, möchte ich sagen können »mir macht keine Maus ins Korn« aber ich muss auch sagen, meine Gefühle und mein Leben haben sich verändert, ich habe wieder Kraft.«

Ich konnte gut erinnern, dass ich Mühe hatte, diese meine Intervention »Kaufen Sie sich mal 'ne Uhr« in einer Kollegengruppe zu erzählen. Es entwickelte sich jedoch eine lebhaft zustimmende Diskussion, die sich insbesondere um das Identitätsproblem des Patienten drehte, »bin ich eigentlich gemeint, oder irgendein anderer Patient.« Im weiteren Verlauf der Therapie kam noch ein Gesichtspunkt hinzu, der sich aus der Beschäftigung mit dem Konzept der projektiven Identifizierung und dem Containing von Bion ergab.

Das Container-Modell Bions geht davon aus, dass Analytiker die in sie projizierten Affekte tatsächlich entgiften und verdauen können. Die Gegenposition vertritt den Standpunkt, dass die bedeutsame therapeutische Wirkung darin liegt, dass der Analytiker tendenziell unfähig ist, die projizierten Affekte in sich zu behalten und zu verdauen. Oder mit anderen Worten formuliert: Ich hatte häufiger kräftig antwortende Affekte Herrn B. gegenüber und war in meinen psychosynthetischen Möglichkeiten sehr gefordert, ohne meine Gegenübertragungsaggressionen ständig reflektieren zu können.

Möglicherweise lag darin eine wohltuende Wirkung auf die Selbstrepräsentanz des Patienten (aggressive Differenzierung und Identitätsentwicklung). Auch die Verankerung des Therapieendes auf der genannten Leitlinie, gab der Entscheidung vitalen Sinn und Identitätsverstärkung. Herr B. und ich wir waren uns einig (psychoanalytisch ausgedrückt, wir bildeten eine hoffentlich milde narzisstische Fusion), anders ausgedrückt, es entstand eine einverständliche emotionale Orientierung über den »richtigen« Zeitpunkt.

Das zweite Beispiel beschreibt eine Konstellation, die zur Therapieverlängerung führt.

Frau W. – 37 Jahre alt, geschieden, zwei Kinder in der Betreuung ihres Mannes – begann die Therapie nach einem Suizidversuch, der eine lange depressive

Entwicklung beenden sollte. Vorausgegangen waren die Trennung der Ehe, die freiwillige Aufgabe der Kinder und einige subjektiv schwere Verletzungen durch den Ehemann. Frau W. regredierte in einen apathischen Zustand und eine fast durchgängige Isolierung, die durch den Suizidversuch und die damit verbundenen Kontaktaufnahmen unterbrochen wurde.

Die sich anschließende mehrjährige Therapie verlief vorwiegend in der Anfangsphase schwierig und stagnierend, hatte aber insgesamt erfreulich progressive Entwicklungstendenzen. Eine absehbare Beendigung der Zusammenarbeit wurde ins Auge gefasst und erschien nicht auffallend problematisch. In der ersten Sitzung nach einem Wochenende berichtete die Patientin die folgenden Eindrücke, die als zentrales Thema auch die weiteren Stunden bestimmten (ich gebe die Gedankengänge der Patientin hier zusammenhängend wieder):

»Gestern Nachmittag habe ich in meinem Zimmer gesessen, ich hatte Magen-, Kopf- und Rückenschmerzen. Zuerst dachte ich, dass ich meine Kinder besuchen muss, ich kenne das ja, dieses Gebot-Gesetz, das in mir sitzt und mich verurteilt. Man muss ja über seine Kinder Freude empfinden, das ist ein Gebot, das hat so zu sein. Ich fühlte mich ganz zerquält.«

Dieser Verlauf war zunächst nicht untypisch und erinnerte an viele Sitzungen, in denen die häusliche Atmosphäre der Patientin und ihre depressive Mutter im Mittelpunkt standen. Auch in der Übertragung gab es verschiedene Neuinszenierungen, z.B. »manchmal beschleicht mich auch hier das Gefühl, ich befinde mich in einem Trauerhaus« oder »Sie sind auch bestimmt voller Neid auf Ihre Kinder und müssen Freude heucheln.«

Frau W. fährt fort: »Dann habe ich weitergedacht und ihnen unterstellt, dass Sie es wollen, dass ich heute zu meinen Kindern Kontakt aufnehme. In diesen Gedanken konnte ich mich richtig reinsteigern, ich habe gegrübelt und gegrübelt, wie ich den Besuch möglich machen kann, aber nicht wegen der Kinder, sondern Ihretwegen. Damit ist das Klassenziel erreicht, wir können aufhören. Ich konnte auf einmal ganz genau erinnern, was Sie vor einem Jahr gesagt haben, als ich umgezogen bin. Sie haben überlegt, ob in meiner Wohnung die Kinder genug Raum haben werden. Ich war erschrocken und fühlte mich verurteilt. Wir haben dann viele Stunden darüber gesprochen und ich habe Sie auch gefragt, ob Sie mich kritisieren, dass ich den Umzug so wenig überlegt habe.«

Ich konnte diese Sitzung gut erinnern und auch die längere Schweigepause, die dann eintrat, in der Frau W. zu warten schien und ich hin- und her überlegte, ob es besser sei, die Frage der Patientin zu beantworten oder ebenfalls weiter zu warten. Ich hatte mich dann, nachdem ich Frau W. nach ihren Gedanken gefragt hatte, für die Antwort entschieden.

Frau W. berichtet weiter: »Sie haben meine Vermutung bestätigt und mir gesagt, dass Sie Ihre Kritik an mir merken, aber dass diese nach Ihrer Meinung bei weitem nicht so stark sei wie meine eigene Verurteilung. Aber so habe ich Sonntag wieder empfunden. Sie saßen in mir drin und waren mein Gebot und mein Gesetz. Ich sehne mich danach, davon frei zu sein, dieses Verbot zu übertreten.«

Gerade diese Konstellation führte zu neuen Überlegungen zum Analyseende und letztlich zu einer Verlängerung. Obwohl die gemeinsame Freude über die bisher möglichen Entwicklungsschritte anhielt, erlebten die Patientin und ich eine erneute aktuell sinnvolle Dynamik, die auch die Analyse weiter fließen ließ. Diese gemeinsame Entscheidung lässt sich m.E. wie folgt differenzieren:

(1) Frau W. beschreibt verschiedene Aspekte der Behandlungsfortschritte und der eigenen progressiven Entwicklung. Zwischen Patientin und Therapeut besteht eine Übereinstimmung.

(2) Die in der Zusammenfassung zitierte Wahrnehmung der Patientin identifiziert einen Konfliktablauf, der in den Grundstrukturen bereits bekannt ist, der aber eine neu belebte erhebliche Verunsicherung darstellt. Frau W. und ich finden einen gemeinsamen emotionalen Zugang.

(3) Die spezifische Verarbeitung der Patientin wird als Internalisierung eines bedrohlichen Objektes (die Ausrichtung nach dem bestrafenden Introjekt dient der Angstvermeidung) interpretiert und als eine Phantasie der Ungeschiedenheit zwischen Frau W. und dem Therapeuten weiter bearbeitet. Unter dem Eindruck des Therapieendes entsteht die neue Gestalt einer bisher nicht zugänglichen Verbindung zwischen Ende, Schuldgefühl und der Auflösung der Selbst-Objekt-Grenzen.

(4) Alle Verarbeitungsebenen können offengelegt werden, einschließlich der Überlegung, dass vielleicht auch weiterhin damit zu rechnen ist, dass bei einer Zunahme von Trennungsangst (Beendigung der Therapie) ein Introjektionsvorgang erfolgt, der diesen Schritt verhindern muss. Allerdings wird zu diesem

Zeitpunkt die Fortführung der Analyse einer bewussten Entscheidung wieder zugänglich.

3. Psychoanalyse und Wissenschaftstheorie

Freud (1913, S.264f.) hat das hermeneutische Verfahren und seine Beweisführung für die Psychoanalyse wie folgt beschrieben:

Die Berechtigung, ein unbewußtes Seelisches anzunehmen und mit dieser Annahme wissenschaftlich zu arbeiten, wird uns von vielen Seiten bestritten. Wir können dagegen anführen, dass die Annahme des Unbewußten notwendig und legitim ist, und dass wir für die Existenz des Unbewußten mehrfache Beweise besitzen. Sie ist notwendig, weil die Daten des Bewusstseins in hohem Grade lückenhaft sind; sowohl bei Gesunden als bei Kranken kommen häufig psychische Akte vor, welche zu ihrer Erklärung andere Akte voraussetzen, für die aber das Bewußtsein nicht zeugt. Solche Akte sind nicht nur die Fehlhandlungen und die Träume bei Gesunden, alles, was man psychische Symptome und Zwangserscheinungen heißt, bei Kranken – unsere persönlichste tägliche Erfahrung macht uns mit Einfällen bekannt, deren Herkunft wir nicht kennen, und mit Denkresultaten, deren Ausarbeitung uns verborgen geblieben ist. Alle diese bewussten Akte blieben zusammenhanglos und unverständlich, wenn wir den Anspruch festhalten wollen, dass wir auch alles durchs Bewusstsein erfahren müssen, was an seelischen Akten in uns vorgeht, und ordnen sich in einen aufzeigbaren Zusammenhang ein, wenn wir die erschlossenen unbewußten Akte interpolieren. Gewinn an Sinn und Zusammenhang ist aber ein vollberechtigtes Motiv, das uns über die unmittelbare Erfahrung hinaus führen darf. Zeigt es sich dann noch, dass wir auf der Annahme des Unbewußten ein erfolgreiches

Handeln aufbauen können, durch welches wir den Ablauf der bewussten Vorgänge zweckdienlich beeinflussen, so haben wir in diesem Erfolg einen unanfechtbaren Beweis für die Existenz des Angenommenen gewonnen.

Im Psychologischen Institut der Universität Münster (mein Studienort) nach 1965 wurden in der klinischen Abteilung die ersten Versuche der Verhaltenstherapie und Gesprächspsychotherapie angeboten, die Vorlesungen über die Psychoanalyse fanden im großen Schloß-Hörsaal statt und waren nicht fakultativ gebunden. Diese Zweiteilung war auch sinnbildlicher Ausdruck der wissenschaftstheoretischen Kontroversen, die überall in großen und kleinen Zusammenhängen geführt wurden. Gut fühlte ich mich nicht dabei, ich war einerseits sehr beeindruckt von Sigmund Freud aber andererseits auch von Karl Popper, und natürlich nicht in der Lage, diesen Konflikt als Ausdruck anderer Zerrissenheiten zu verstehen.

Popper gehörte zu den strengsten Kritikern der Psychoanalyse mit der Position, dass diese Theorie keine überprüfbaren Hypothesen produziere. Deshalb könne man nicht von einer Wissenschaft sprechen, sondern nur von einer Glaubenssache. Bei mir hat es sehr lange gedauert bis mir einigermaßen deutlich war, dass Poppers Kritischer Rationalismus als Haltung des wissenschaftlichen Gewissens unverzichtbar ist, auch wenn eine hermeneutische Beweisführung ein erfolgreiches therapeutisches Handeln aufbauen kann. Der anschließende Abschnitt gibt den aktuellen Stand meiner Struktursuche wieder.

Die Reduzierung der vielfältigen und komplexen theoretischen und klinischen Konzepte

Nach wie vor beindruckt mich die Perspektivenvielfalt der Psychoanalyse, von der ich weiterhin den Eindruck habe, dass sie nur in Teilaspekten zu überschauen ist. Von daher habe ich wohl immer schon nach Modellen der Ordnung und Vereinfachung gesucht. Ein persönliches Grundkonzept der Psychoanalyse ist eine Aufteilung in drei Dimensionen: Empathie durch Introspektion, Empathie mit dem Schwerpunkt »Markierung« und psychoanalytische Metapsychologie. Über diese Konzepte habe ich (2005a, 2006) kurze Übersichten geschrieben, weitere Überlegungen zur Markierung fasse ich hier neu zusammen. Zuerst zu den Übersichten.

Bitte stellen Sie sich einen kleinen Ausschnitt einer psychoanalytischen Sitzung vor, in der P. als Patientin und T. als Therapeut miteinander arbeiten.

P. sieht T. bei der Begrüßung etwas länger als üblich an. »Merkwürdig, auf dem Weg hierher habe ich plötzlich gedacht, Sie sind bestimmt noch genauso verschnupft und erkältet wie am Freitag, aber das stimmt ja wohl nicht. Eigentlich hätte ich gar nichts zu sagen brauchen.« Nach einer Pause fährt P. fort: »Die Nacht von Freitag auf Samstag war ganz furchtbar, ich bin um vier Uhr aufgewacht, total angespannt, mein Herz raste, ich schwitzte überall, und trotzdem war mir kalt. Sofort bin ich in das Zimmer unserer Tochter A. gegangen, sie war natürlich nicht da.« A. ist 18 Jahre alt und war vor einem halben Jahr auf dem nächtlichen Heimweg aus der Disco mit dem Auto verunglückt. Ein Freund wurde schwer verletzt, sie selbst hatte Glück im Unglück. Als die Unfallnachricht aus dem Krankenhaus kam, war P. zunächst wie gelähmt; dann kamen starke Ängste und Schuldgefühle, in der Erziehung und Fürsorge A. gegenüber total versagt zu haben. In dieser Nacht zum Samstag war die Angst ähnlich schlimm. Völlig zittrig und kaum in der Lage zu sprechen weckte P. ihren Mann D. Dieser war sofort hellwach und versuchte P. zu trösten und zu beruhigen. P. berichtet weiter: »Für einen kurzen Augenblick fühlte ich mich beruhigt und dachte, vielleicht hat A. ja ihren alten Freund wieder getroffen, sie hat einfach die Zeit vergessen und kommt gleich erfüllt und fröhlich nach Hause und schimpft ein bisschen über mein Theater. Dann kam schon die nächste Welle der Angst. Ich sah mich als Kind, völlig allein und verlassen, schreiend im Bett, die Eltern kamen viel zu spät von einem Spaziergang zurück. Ich fühlte mich dann wieder scheinbar sicher, aber seitdem ist irgendwie mein ganzes Lebensgefühl zerstört. Die Angst kommt immer wieder, manchmal sogar schon, wenn jemand geht und die Tür hinter sich schließt. Früher habe ich zum Beispiel gebetet, ein Gebet nach dem anderen. Später habe ich manchmal gleich ein Beruhigungsmittel genommen, aber irgendwie hilft das alles nicht.«

Unterbrechen wir diesen Ausschnitt eines Stresserlebens und versuchen in einigen Grundzügen zu zeigen, wie ein Psychoanalytiker mit diesem Erleben umgeht. T. versucht, sich in P. einzufühlen, dabei lassen sich zwei verschiedenen Zugänge schwerpunktmäßig unterscheiden – die empathisch-introspektive Wahrnehmung und die empathische Vertiefung ausgehend von den Markierungen. Beide Ebenen haben auch innerhalb des psychotherapeutischen Diskurses eine lange Tradition, die hier nur sehr reduziert wiedergegeben werden kann.

Die empathisch-introspektive Wahrnehmung des Erlebens

Kann man sich überhaupt in das Innenleben einer anderen Person einfühlen und es verstehen? Und wenn ja, mit welchen Möglichkeiten? Eine vorsichtige und wahrscheinlich realistische Antwort ist, dass es sich hier um eine Annäherung handelt, die von den beteiligten Personen als mehr oder weniger stimmig erlebt wird. Um überhaupt zwischen sich und einer anderen Person unterscheiden zu können, bedarf es der Introspektion, der Einfühlung in die eigenen Phantasien, Gefühle und körperlichen Prozesse. Diese lassen sich dann versuchsweise zuordnen als partielle Identifikation mit dem anderen, als Möglichkeit eines gleichen oder ähnlichen Erlebens.

Diese Annahme bedarf einer fortlaufenden Überprüfung, nicht unbedingt in der Vorstellung, zu einer richtigen Position zu kommen, sondern um einen Prozess der vertieften Erforschung des Innenlebens (von beiden Beteiligten) zu fördern. Diese Relativierung ist für die Kenntnis des Innenlebens durchaus angemessen, da jeder von uns erlebt, dass es Gefühle als abgrenzbare Kategorie – wie nur Angst oder Wut – überwiegend nicht gibt, sondern lediglich in einer manchmal sehr undeutlichen Mischung verschiedener Empfindungen und obendrein noch in einer wechselhaften Intensität. Die empathisch-introspektive Wahrnehmung bleibt also eine Annäherung und in einer

Therapie eine intersubjektive Konstruktion zwischen zwei Personen.

Welche Schritte können wir differenzieren? Bezogen auf das vorangestellte Beispiel achtet T. auf seine Gefühle, Fantasien und Handlungsimpulse, die sich im Zusammenhang mit P. einstellen. Gut vorstellbar ist, dass T. gegenüber P. Versorgungs- und Schutztendenzen empfindet, um P. in ihrer Panik zu helfen. T. stellt sich vor, P. wolle ihm mitteilen, wie einsam und hilflos sie sich häufig fühle, nicht nur in der aktuellen Paniksituation, sondern auch – auf der unbewussten Ebene – in der Therapie. Dieses Gefühl stellt sich immer wieder ein, nachdem die Therapiesitzung beendet ist und bei den verlängerten Pausen zwischen den Sitzungen – etwa am Wochenende oder bei Unterbrechungen. T. bemerkt aufkommende Schuldgefühle und vermutet, dass diese mit einer unbewussten Vorwurfshaltung von P. zusammenhängen könnten. Auf diesem Wege versucht T., Fragen und Interventionen zu entwickeln.

Wie ist das ursprüngliche freudsche Verständnis dieser Interpretation? Im Mittelpunkt der spezifisch psychoanalytischen Wahrnehmung stehen die so genannten Übertragungs- und Gegenübertragungsprozesse, die während des Therapieverlaufs als Zentren der emotionalen Konfliktdarstellung verstanden und bearbeitet werden. Hinsichtlich der Übertragung geht Sigmund Freud (1905, 1912) dabei von zwei grundsätzlichen Überlegungen aus:

- Jeder Mensch erwirbt in seiner Kindheit bestimmte, für sein Affektleben charakteristische Merkmale, die im Laufe seines Lebens strukturell verfestigt wiederkehren.

• Die unbewusst fixierte libidinöse Erwartung kann sich – insbesondere in Mangelsituationen – an alle Beziehungspersonen binden.

Anschließend an diese Grundpositionen formuliert Freud die entscheidende Auswirkung der Übertragung für die psychoanalytische Therapie:

»Jedes Mal, wenn wir einen Nervösen psychoanalytisch behandeln, tritt bei ihm das befremdende Phänomen der so genannten Übertragung auf, das heißt, er wendet dem Arzt ein Ausmaß an zärtlichen, oft genug mit Feindseligkeit vermengten Regungen zu, welches in keiner realen Beziehung begründet ist, und nach allen Einzelheiten seines Auftretens von den alten und unbewusst gewordenen Fantasiewünschen des Kranken abgeleitet werden muss. Jenes Stück seines Gefühlslebens, das er sich nicht mehr in die Erinnerung zurückrufen kann, erlebt der Kranke also in seinem Verhältnis zum Arzt wieder, und erst durch ein solches Wiedererleben in der »Übertragung« wird er von der Existenz wie von der Macht dieser unbewussten sexuellen Regungen überzeugt. Die Symptome, welche, um ein Gleichnis aus der Chemie zu gebrauchen, die Niederschläge von früheren Liebeserlebnissen (im weitesten Sinne) sind, können auch nur in der erhöhten Temperatur des Übertragungserlebnisses gelöst und in andere psychische Produkte übergeführt werden.« (Freud 1900, Freud 1905).

Fünf Jahre später – nach den ersten zusammenfassenden Formulierungen über die Übertragung (Freud 1905) – entwickelt Freud sein Konzept der Gegenübertragung (Freud 1910, 1912), das seitdem ausführlich und teilweise kontrovers diskutiert wird (Moeller 1977). Heute sieht man in der Gegenübertragung übereinstimmend ein Instrument,

»das dem Analytiker eine bedeutsame Verständnishilfe für den verborgenen Sinn der Mitteilungen des Patienten bietet. Der entscheidende neue Gedanke besagt, dass der Analytiker Wahrnehmungs- und Verstehenselemente für die sich im Patienten abspielenden Vorgänge besitzt, und dass diese Elemente nicht unmittelbar bewusst sind, aber vom Analytiker entdeckt werden können, wenn er seine eigenen Assoziationen beobachtet, während er dem Patienten zuhört.«
(Sandler et al. 1973).

Bei diesem intrapsychischen Vorgang wird die Gegenübertragung in zwei Informationsbereiche aufgeteilt, nämlich in die Wahrnehmung der so genannten Subjekt- und Objektrepräsentanzen, denen gegenüber eine doppelte Identifikation zu leisten ist. Im ersten Fall – der Subjektdimension – empfindet T. wie P., im zweiten Fall – der Objektdimension – wie eine wesentliche Beziehungsperson von P. (Moeller 1977).

In der Subjektdimension (der konkordanten Identifizierung nach Racker 1993) fragt sich T., wie fühle ich selbst die Angst von P., was habe ich in vergleichbaren Situationen erlebt, wie waren meine Wünsche und Erwartungen an meine nächsten Beziehungspersonen? In der Objektdimension (der komplementären Identifizierung nach Racker) fragt sich T., wie fühlt wohl der Partner von P., oder die Tochter, oder auch andere wichtige Personen in der früheren und aktuellen Umgebung?

Im heutigen Verständnis der psychoanalytischen Interaktion beziehen sich Übertragung und Gegenübertragung weniger auf eine Rekonstruktion der Vergangenheit, sondern mehr auf einen gemeinsamen schöpferischen Prozess:

Wenn ich mich bemühe zu verstehen, was ich in der Übertragung bin, also wie ich durch die vom Analysanden in mir angesprochene Funktion definiert werde, dann kann ich mit der Zeit vielleicht herausfinden, wer ich bin, selbst wenn diese Figur sich aus Mutter, Vater und früherem Kind-Selbst des Patienten zusammensetzen sollte (Bollas 1997).

Die schwierigen Verhältnisse zwischen Übertragung und Gegenübertragung werden in vielen psychoanalytischen Arbeiten differenziert dargestellt und diskutiert (Bohleber 1999). Insbesondere geht es um die Frage der Wahrheit der psychoanalytischen Interpretation. Die kann es nach der gegenwärtigen Erkenntnistheorie nicht geben, sondern lediglich eine Konstruktion von Bedeutungen, die relativ bzw. vielgestaltig ist und nicht endgültig festgelegt werden kann. P. ist kein Objekt der Erkenntnis von T., sondern es handelt sich um die Begegnung von zwei Individuen mit subjektiven Erfahrungen, die einen Bedeutungszusammenhang erforschen.

Die empathische Wahrnehmung mit Hilfe von Markierungen

Im Unterschied zur empathisch-introspektiven Wahrnehmung (mit dem Ausgangspunkt: **Was nehme ich wahr? Was beobachte ich in mir?**), geht diese Form der Empathie vom markierten aktuellen Selbsterleben des Patienten aus (**was nehme ich wahr, wie er sich wahrnimmt?**). Demnach lassen sich zwei Schritte der Empathie unterscheiden (Milch 2001). Der erste Schritt wurde im letzten Abschnitt skizziert. T. kann diesem Konzept folgen, oder sich intensiver auf die Selbstwahrnehmung von P. einstimmen. Dabei beginnt T. mit den aktuellen bewusstseinsnahen Fragen: Wie könnte die augenblickliche emotionale Verfassung von P. sein (der berichtete Angstanfall liegt ja schon einige Zeit zurück)? Gibt es einen Schwerpunkt, den P. bearbeiten möchte? Gibt es dafür verschiedene Signale oder Markierungen?

In der psychoanalytischen Praxis ist es grundsätzlich wichtig, die Signale eines Patienten zu erkennen, die er selbst setzt für die Problembereiche, die er andeutungsweise ahnt und erkennt, die er aber nicht genau formulieren kann. Hier geht es zunächst darum, den Patienten zu unterstützen, sein unklares inneres Empfinden zu erforschen. Das »Erforschen« ist wichtig, oder – mit anderen Worten – das Schaffen des »inneren Raumes«, eine Verbesserung »der Intimität mit dem eigenen Selbst«. Psychotherapeuten erwarten nicht das vollständige Verstehen, die »richtige« Deutung, sondern versuchen die Introspektionsfähigkeit zu fördern.

Gehen wir zu unserem Eingangsbeispiel zurück: P. beginnt mit Assoziationen zur Erkältung von T., die nach ihrem Gefühl eigentlich nicht mehr aktuell sind. P. ist überrascht, sie signalisiert ihre Irritation über ihren eigenen Einfall und setzt somit eine Markierung für eine gemeinsame Suche nach Verstehen. T. unterstützt P. in dem Versuch, sich selbst tiefer zu explorieren. Er geht davon aus, dass dieser Einfall zu ihm nicht zufällig entstanden ist, sondern einen wichtigen aktuellen Aspekt des Erlebens von P. fokussiert. Dieser wiederum kann gut geeignet sein, dass P. – in der aktuellen Situation – mit ihren Gefühlen in Kontakt kommt.

In der psychoanalytischen Literatur habe ich keine Zusammenfassung über solche Marker des empathischen Erforschens gefunden, wohl aber bei einer Forschungsgruppe um Leslie Greenberg (2003), die sich selbst zwischen den psychodynamischen und den behavioralen Theorien und Therapieschulen einordnet. Greenberg et al. benennen für die Marker sechs unterschiedliche Ebenen:

- die irritierte Reaktion über ein Ereignis (1)
- das mangelhafte Selbstverständnis (2)
- die konflikthafte Selbstbewertung (3)
- der Selbstunterbrechungskonflikt (4)
- die unerledigte Gefühlsarbeit (5)
- die große Verletzbarkeit (6)

Zur Veranschaulichung dieser Ebenen berichte ich über (hier sprachlich formulierte) Kurzbeispiele der Patientin P., die jeweils das aktuelle Stresserleben und dessen nicht gelingende Verarbeitung markieren.

(1) P. schildert eine Reaktion oder ein Gefühl, das ihr selbst als problematisch, irritierend, ungewohnt auffällt, ohne dass sie von sich aus die Zusammenhänge weiter klären kann. Die angesprochene Erkältung wird in dieser Weise markiert.

(2) P. beschreibt ein inneres Empfinden, das für sie fehlt oder ganz undeutlich ist. Kurzbeispiel: »Seitdem

unsere Tochter verunglückt ist, weiß ich überhaupt nicht mehr, was ich für meinen Mann D. empfinde. Irgendetwas scheint in mir los zu sein, ich weiß nicht, was es ist, es geht alles durcheinander.«

(3) P. beklagt eine Zerrissenheit ihrerseits – eine Selbstbewertungsspaltung. Kurzbeispiel: »Ich bin so total ängstlich. Ich müsste aber aktiv sein, viele Pflichten erledigen. Stattdessen sitze ich herum und warte auf den nächsten Angstanfall.«

(4) P. beschreibt eine Gefühlsblockade – eine selbstunterbrechende Spaltung. Kurzbeispiel: »Die Liebe und Bindung zu meiner Tochter ist da, aber diese Gefühle werde ich nie wieder einem anderen Menschen gegenüber zulassen, ich will nichts mehr fühlen oder brauchen oder mein Herz an jemanden hängen.«

(5) Es geht um eine unabgeschlossene emotionale Angelegenheit. Kurzbeispiel: »Ich spüre auch viel Wut auf meine Tochter. Aber ich habe immer das Gefühl, es geht dabei um meine Mutter. Der konnte ich ja nie etwas sagen, noch heute habe ich den Wunsch, sie mal richtig anzuschreien. Aber was macht das für einen Sinn, das ist doch schon ganz lange her«.

(6) P. zeigt sehr schmerzhafte Gefühle, bezogen auf die eigene Person. Kurzbeispiel: »Eine Sache habe ich noch nie jemandem erzählt, davor habe ich die größte Angst, ich könnte vor Scham versinken.«

Natürlich erfasst auch diese Version der Empathie – die der stellvertretenden Introspektion und der Alter-Ego-Beziehung entspricht – nur einen Ausschnitt der Natur des psychoanalytischen Verstehens. Ich plädiere allerdings für eine besondere Beachtung der Markierungen, weil dadurch eine Fähigkeit geschult wird, in die innere Welt des Erlebens eines Patienten einzutreten und dort mit ihm eine gemeinsame Erforschung zu beginnen. Um das psychoanalytische Verstehen in seiner ganzen Komplexität darzustellen – gemeint ist der Versuch – bedarf es einer umfassenden Diskussion auch der Empathie, die eine Reihe verschiedener Bedeutungen und Thesenbildungen enthält (vgl. Daser 1999, Orange 2004).

Die durch Empathie und Introspektion gewonnenen Hypothesen werden in der psychoanalytischen Metapsychologie weiter verarbeitet. Hierbei handelt es sich um die abstrakteste Theorieebene der Psychoanalyse, die auch heute noch Bestand hat, obwohl sie häufig als zu mechanistisch und erlebensfern kritisiert wird.

Die psychoanalytische Metapsychologie

Bestimmt durch eine naturwissenschaftlich orientierte Grundhaltung entwickelte Freud seine zentralen psychoanalytischen Theorien im Sprachgebrauch eines physiologischen – genauer gesagt physikalischen – Modells. Dieser systematische Aufbau wurde insbesondere ab 1970 aus wissenschaftstheoretischer Perspektive verstärkt diskutiert, da der ursprüngliche Ansatz zu mechanistisch erschien und durch die stärkere Beachtung einer Beziehungsdimension (z.B. Kind-Eltern-Umwelt oder Patient-Therapeut) abgelöst oder zumindest ergänzt werden sollte.

Aus der heutigen Perspektive lassen sich – als wichtiges heuristisches Prinzip – einige Grundannahmen zusammenfassen, nach denen jedes psychische

Phänomen untersucht und interpretiert werden kann. Der topische Gesichtspunkt unterscheidet unbewusste und bewusste Qualitäten psychischer Prozesse. Geht es um die Persönlichkeitsstruktur (struktureller Gesichtspunkt) werden Es, Ich, Überich und Ichideal unterschieden. Das Es erfasst die Triebpotentiale (Libido und Aggression), das Ich die gnostischen Funktionen, die Realitätsprüfung und die Abwehrmechanismen. Überich und Ichideal enthalten die Bewertungen und Zielvorstellungen. Der dynamische Gesichtspunkt untersucht das intrapsychische Kräftespiel zwischen den beteiligten Instanzen. Bei der psychoökonomischen Perspektive geht es um die Stärke der Triebimpulse und Abwehrvorgänge und die darin gebundenen Motive und Gefühle. Der entwicklungspsychologische (psychogenetische) Ansatz untersucht den Entwicklungsaspekt, der adaptive Ansatz die Anpassungsvorgänge zwischen Person und Umwelt.

Psychische Phänomene können nur dann einigermaßen verstanden werden, wenn alle genannten Gesichtspunkte Beachtung finden. Bei einer Depression lässt sich die folgende kurze Skizze entwerfen: Libidinöse Strebungen werden frustriert, die Aggression wendet sich gegen die eigene Person. Das Überich ist zu streng, das Ichideal ist von unbewussten Größenfantasien erfüllt. Die gnostischen Funktionen, die Aktivität und die Motorik sind gehemmt, verschiedene Abwehrmechanismen dominieren, die Wirkung nach außen ist aggressiv geprägt durch Verschlossenheit und Schwermut. Es stellt sich die Frage, wie dieses Symptombild biografisch entstanden ist?

Diese Kurzübersicht kann nicht die Komplexität und Differenzierungskraft der Metapsychologie wiedergeben. Deshalb möchte ich einige Aspekte zusätzlich benennen.

(1) Die strukturelle Perspektive umfasst auch die Diskussion der Konzepte »Ich« und »Selbst«.

(2) Die dynamische Perspektive fragt sowohl nach den triebpsychologischen Zusammenhängen (Libido und Aggression) als auch nach weiteren emotionalen Grundbedürfnissen und nach den Bewältigungsversuchen, narzisstische Verletzungen wieder auszugleichen.

(3) Die entwicklungspsychologische Perspektive geht von den Erkenntnissen aller psychoanalytischen Ansätze aus. Sie erfasst aber auch die angeborene biologische Ausstattung, die intrauterine Entwicklung, den Aufbau der verschiedenen Beziehungssysteme und des Interpersonalen Interpretationsmechanismus (um nur einige Teilaspekte zu nennen).

(4) Die adaptive Perspektive berücksichtigt besonders die fortlaufende Überarbeitung der frühkindlichen Muster und die Krisen und Lösungen der altersbedingten Entwicklungsaufgaben bis zum Lebensende.

Aber es gibt auch Kritik. Sie wird z.B. zusammengefasst von Friedrich W. Deneke (2001, S.4), der nachdrücklich darauf hinweist, dass gerade das Erleben in seiner sinnlichen Unmittelbarkeit verlorengeht:

Mir scheint, dass auf dem Wege der metapsychologischen Theoriebildung etwas sehr Wesentliches – das Lebendige in der Unmittelbarkeit des Erlebens – verloren gegangen ist, was dann mitunter den Eindruck einer seelenlosen Seelentheorie entstehen lässt. Was

schließlich prägt und gestaltet die persönliche Welt
eines Menschen so nachdrücklich wie gerade das, was
er erlebt? So lässt sich fragen, ob man eine erlebte,
eine persönliche Geschichte hinreichend verstehen
und erklären kann, indem man auf unpersönliche phy-
sikalische Kräfte (wie »Energien«) oder unpersönli-
che biologische Kräfte (wie »der Trieb«) oder biolo-
gische Wirkmechanismen (wie »die Anpassung an die
Umwelt«) zurückgreift? Wohl kaum. Und in den Bei-
trägen zur Metapsychologie ist das in dieser vereinfa-
chenden Weise auch niemals versucht worden. Den-
noch scheint mir gerade die Metapsychologie in ein-
zelnen Bereichen passende Beispiele zu liefern, um die
Gefahr zu verdeutlichen, die sich ergibt, wenn wir die
Subjektivität um einer vermeintlich »objektiven« Wis-
senschaftlichkeit zuliebe vernachlässigen.

Deneke (2001) schlägt ein integriertes Verstehensmodell vor, in dem objektive, subjektive und sze-
nisch-interaktionelle Informationen zusammengeführt
werden. Zur Veranschaulichung eines Strukturbil-
dungsprozesses erzählt er die Lebensgeschichte eines
Patienten nach, wie sie in einem psychoanalytischen
Erstinterview erfahren wurde. Auch das folgende Beispiel von Irvin Yalom über Hemingway sucht die Er-
lebensnähe der Darstellung und damit die Verbindung
zwischen den verschiedenen Interpretationslinien. Die
eigenen Beispiele versuchen sich ebenfalls an diesem
integrierten Verstehensmodell zu orientieren. Yalom
schreibt über Hemingway (2003, S.51f.):

Während seines ganzen Lebens machte Hemingway
immer wieder den Versuch, die Diskrepanz zwischen
seinem realen Selbst und den verschiedenen Erschei-
nungsformen seines idealisierten Selbst aufzuheben.

An dem idealisierten Selbst konnten keine Änderungen vorgenommen werden; es gibt keinen Beleg dafür, dass Hemingway gegenüber seinen eigenen Ansprüchen je zu Kompromissen bereit gewesen wäre oder sie zurückgeschraubt hätte. Die gesamte Arbeit musste an seinem realen Selbst geleistet werden; er zwang sich dazu, sich intensiveren Gefahren zu stellen, körperliche Leistungen zu versuchen, die seine Fähigkeiten überschritten, während er sich gleichzeitig zurücknahm und unauffälliger machte. Alle Spuren von Merkmalen, die nicht zu seinem idealisierten Selbstbild passten, mussten eliminiert oder unterdrückt werden. Die weichere feminine Seite, die ängstlichen Teile, das abhängige Verlangen – all das musste verschwinden.... »Harte Männer sind harte Trinker.« Hemingway witzelte und prahlte über sein Trinken im wirklichen Leben und glorifizierte es in seinen Romanen. Es steht jedoch außer Zweifel, dass Hemingway im Lauf der Jahre immer stärker im Alkohol Zuflucht suchte, um sich Erleichterung von seiner intensiven Angst und seinen Depressionen zu verschaffen. Seine Frau Mary, die dazu neigt, Hemingways Fehler herunterzuspielen, bemerkt, dass er in seinen letzten Lebensjahren den größten Teil seiner Nahrung eher aus Alkohol als aus Lebensmitteln bezog. Hemingway begann »mit einem Training«, wenn er ernsthaft mit der Arbeit an einem neuen Buch begann. Die Trainingsregeln besagten, dass er sich in eine gute körperliche Form bringen und bis zwölf Uhr mittags auf Alkohol verzichten musste (er schrieb immer nur am Vormittag). Lanham berichtet, dass Hemingway am Morgen in seinem sehr großen Swimmingpool achtzig Bahnen schwamm, als er ihn während des »Trainings« für »Der alte Mann und das Meer« besuchte. Von Zeit zu

Zeit schwamm Hemingway an den Poolrand, um auf die Armbanduhr zu schauen. Um elf Uhr vormittags kam sein Diener mit einem Zwei-Liter-Krug Martinis aus dem Haus. Hemingway grinste breit und sagte: »Was soll' s, Buck, in Miami ist es schon zwölf Uhr mittags.« Damit war das Schwimmen für diesen Tag beendet. Lanham konnte zwei dieser starken Martinis trinken, seine Frau etwa 1 ¼. Hemingway übernahm den Rest des Krugs. Gegen Ende seines Lebens, als seine Gesundheit immer mehr nachließ und sein Blutdruck immer höher wurde, versuchte sein Internist mit nur mäßigem Erfolg, ihn vom Trinken abzuhalten. Die Mechanismen, die Hemingway einsetzte, um die nervöse Unruhe abzuwehren – Alkohol, das Schreiben, intensive körperliche Anstrengungen – all die frenetischen Versuche, das Image zu bewahren, das er geschaffen hatte, verketteten sich miteinander und bildeten einen nur teilweise wirkungsvollen Damm gegen eine unerbittliche Flut von Qualen.

Yalom erzählt in einer lebendigen Weise über Hemingway, über seine Gefühle, Ängste und Wünsche. Zwischendurch nimmt er Bezug auf eine metapsychologische Theoriesprache, die häufig als abstrakt und erlebensfern kritisiert wird. Aber seine Darstellung ist anschaulich, obwohl – ausgesprochen oder implizit verarbeitet – es fortwährend um die Theorie des Selbst, die Auswirkung intrapsychischer Konflikte, um die Abwehrmaßnahmen des Ich und seine adaptiven Funktionen geht.

4. Die psychoanalytische Objektbeziehung

W. Loch schreibt über die psychoanalytische Objektbeziehung (1979, S. 181):

Herstellung und Aufrechterhaltung des psychoanalytischen Prozesses sind nämlich in jedem Moment abhängig davon, ob es dem Analytiker gelingt, diejenigen Einstellungen zu haben und diejenigen Verhaltensweisen zu zeigen, die eine Modulation der Angst bewirken. Hierbei handelt es sich um einen wichtigen und bedeutsamen Vorgang. Die Modulation der Angst ist eine Funktion des Setting. Das Setting muß so gestaltet werden, dass es dem Patienten möglich ist, aus einer Befindlichkeit auszusteigen, die es ihm bisher verwehrte, überhaupt einen allerersten Einblick in seine geheimen, pathogenen Motive und Beziehungen zu bekommen, bzw. diesen Einblick einem anderen zu gestatten. Sein Wohlbefinden, seine emotionale Sicherheit, – und beides ist wesentlich, um die Modulation der Angst auf den Weg zu bringen – werden vom Setting getragen und bestimmt.

In erster Reihe stehen hier die vier Umgangsweisen von Winnicott (Holding, Handling, Object presenting und Sich-als-Objekt-Benutzen-Lassen). Aber es gibt auch andere Beschreibungen von Teilaspekten der psychoanalytischen Objektbeziehung, z.B. die Anteile, die mehr mit der persönlichen Entwicklung und Erfahrungsverarbeitung des Therapeuten verbunden sind.

Die ersten Psychoanalytiker (es waren drei) lernte ich 1968 kennen. Ich war 23 Jahre alt und Psychologiepraktikant in einer Beratungsstelle. Die drei hätten unterschiedlicher nicht sein können und auch in ihrem jeweiligen Praxisverständnis konnte ich den gemeinsamen Nenner häufig nur erahnen. Für mich war klar, dass dies auf meinen erst beginnenden Lernprozess zurückzuführen war, bis mir der älteste der drei erklärte, dass die längere professionelle Erfahrung dazu führe, dass Technik und Methode sehr persönlich integriert und nicht besonders theoriekonform praktiziert würde. Zuerst dachte ich an eine ichfreundliche Milderung meines Nichtwissens, später wurde mir deutlich, wie schwer es ist, dieses Stadium der professionellen Entwicklung zu erreichen.

Jedenfalls hat mich die Unterschiedlichkeit der Analytiker seit Beginn meiner Ausbildung immer wieder beschäftigt, und damit auch die Frage der psychotherapeutischen Wirkfaktoren. Einen Aspekt möchte ich hier besonders betonen: die individuellen Wertvorstellungen des Therapeuten, die den Gebrauch der Behandlungstechnik in einer ganz persönlichen Weise prägen. Zusammen mit der Erfahrung des Patienten, dass er sich auf einen Therapeuten beziehen kann, der **wahrscheinlich** nicht so viel Angst hat, sich auf sich selbst zu beziehen, bieten sie Sicherheit und Herausforderung im Behandlungsverlauf. Die einzelnen Schwerpunkte habe ich im Laufe der Jahre zusammengestellt

Psychoanalytische Theorien und persönliche Wertvorstellungen[1]

Die Persönlichkeitsstruktur des Therapeuten, die Auswahl der psychoanalytischen Theorien und die persönlichen Wertvorstellungen haben neben der Auseinandersetzung mit der Gegenübertragung eine wichtige Bedeutung für die Entwicklung und den Verlauf eines Therapieprozesses (Mertens 1991, Sandler und Dreher 1999). Dabei ist das jeweilige Verständnis, die Bewertung und Handhabung der unterschiedlichen Konzepte eng verbunden mit der subjektiven Weltsicht und Lebenspraxis des einzelnen Therapeuten. Mit dieser individuellen Interpretationsperspektive beschäftigen sich die folgenden Abschnitte.

Zuerst versuche ich, einige – für mein persönliches Therapieverständnis – wichtige Konzepte darzustellen, diese aber gleichzeitig als mentale Herausforderung zu beschreiben. Der jeweilige emotionale Kontext führt für mich immer wieder zu einer neuen Unsicherheit und inneren Arbeit. Die mentalen Aufgaben dieses Abschnittes lassen sich m.E. in folgender Weise verkürzt zusammenfassen:

- Kann ich als Therapeut existenzielle Ängste als letztlich unlösbar akzeptieren?
- Kann ich neben der »depressiven Position« auch Spaltungen als Entwicklungsfortschritt verstehen?
- Müssen Leiden, Krankheit und Tod immer bekämpft werden?

---

[1] Aus einer Zusammenstellung von psychoanalytischen Texten, Bildern und Fotografien in: Rippe B. (2005).

- Wie sehe ich die Zusammenhänge zwischen Narzissmus, Angst und produktiver Weiterentwicklung?
- Sind Begrenzungen und Illusionen die wichtigsten Komponenten der intrapsychischen Dynamik?

Zu allen Fragen schreibe ich jeweils nur kurze Beiträge, um die mentale Aufgabe zu illustrieren. Die psychoanalytische Literatur bietet zu den einzelnen Konzepten umfangreiche Vertiefungen an. Trotzdem bleibt für jeden Therapeuten die wichtige Aufgabe, Theorie und Praxis in einem persönlichen Lernprozess zusammenzufügen.

Die existenziellen Ängste – sind sie die primären Themen der Psychotherapie?

Yalom schreibt in seinen Büchern (z.B. 1989, 1998) über die »vier letzten Dinge« Tod, Freiheit, Isolation und Sinnlosigkeit. Die ihnen zugehörigen Existenzängste hält er für das primäre Thema der Psychotherapie. Ich bin überzeugt, dass die große Mehrheit der erfahrenen Psychoanalytiker dieser Verdichtung und ihrer therapeutischen Bedeutung zustimmen wird, obwohl die Psychoanalyse andere Psychodynamiken in den Vordergrund stellt (z.B. die Triebdynamik, das Selbst, das Über-Ich und die Objektbeziehung). Auf der einen Seite fördert eine psychoanalytische Therapie den Differenzierungsprozess zwischen den möglichen Veränderungen und den unbewegbaren Grenzen. Andererseits ist in jeder Therapie besonders zu beachten und mit Einfühlung zu schützen, mit welchen Abwehrmechanismen und Sublimierungen der jeweils

Einzelne das »gemeine Unglück« und die unlösbaren existenziellen Fragen zu integrieren versucht. Hier geht es nicht nur um die Frage der Desillusionierung, sondern auch um den individuellen Schutz, den Trost und um die Möglichkeiten der Selbststärkung.

Die therapeutische Arbeit mit den »existenziellen Ängsten« ist schwierig zu beschreiben (im übernächsten Abschnitt werden einige Konstellationen skizziert). Die Schwierigkeit liegt in der Aufgabe, die unausweichlichen Tatsachen des Lebens nicht umfassend zu verleugnen, aber zu akzeptieren, dass jeder von uns eigene Wege beschreitet und Lösungen sucht, um diese »Wahrheiten« zu ignorieren oder auch zu bewältigen. Eine psychoanalytische Arbeit sollte kein »Wegnehmen« sein, aber trotzdem davon ausgehen, dass ein Wissen besser ist als ein Nichtwissen, eine Veränderung ohne den Willen und die Aktivität nicht möglich ist und dass die Illusion eine tröstliche Magie ist, an der man hängen aber sie auch verändern darf.

In meinen eigenen Therapien konnte ich immer wieder beobachten, dass sich mein »Interventionsstil« verändert, wenn es um den Bereich der genannten existenziellen Ängste geht. Die Trennung von »Sie« und »Ich« tritt deutlich in den Hintergrund, gemeint und auch manchmal gesagt ist das »Wir«. In den Worten wiederum von Yalom (1990, S.23) heißt es:

Wir können nicht sagen: Sie und Ihre Probleme. Stattdessen müssen wir von uns und unseren Problemen sprechen, denn unser Leben, unsere Existenz wird immer mit dem Tod verbunden sein, Liebe immer mit Verlust, Freiheit mit Furcht und Wachsen mit Trennung. Dieses Schicksal teilen wir alle.

In der technischen Einordnung rechnen wir diese Interventionen zur »Dialogbeziehung«, da trotz der Äußerung von Ähnlichkeit und Nähe, der Therapeut in seiner »Objekthaftigkeit« deutlich bleibt. Der Patient hat die Möglichkeit aus der Position eines zunächst Fremden, eine Gemeinsamkeit und Solidarität zu entdecken. Auch ein »moment of meeting« ist auf diesem Wege möglich.

Die Vorstufen der depressiven Position – sind sie ein Defizit oder auch ein Entwicklungspotenzial?

Die depressive Position hat im heutigen psychoanalytischen Denken eine ähnlich zentrale Bedeutung wie die narzisstischen und ödipalen Konzepte. Gerd Heising et al. (1982) schreiben in einer Zusammenfassung von Klein und Winnicott:

Das Begreifen, dass die Mutter der erbarmungslosen Angriffe gleichzeitig die Mutter aller zärtlichen, liebevollen Strebungen ist, dass dieselbe Person wütend zerstört und lustvoll geliebt wird, führt zu den Gefühlen der Trauer, der Reue, der Schuld und der Angst vor Zerstörung und dem Wunsch nach Wiedergutmachung.

Diese frühe Reifungsaufgabe kann nur mehr oder weniger gut gelingen und ist bei vielen Krisen der späteren Entwicklung mit großem Einfluss wirksam. Dabei bedeutet die Auseinandersetzung mit der »depressiven Position« etwas grundsätzlich anderes als »depressiv sein«. Sie ist eher eine Konstellation der Ich-Integration, der Objektbeziehungen und der emotionalen Differenzierung als notwendige Basis des gesunden Selbst. Um eine psychische Erkrankung mildern oder zumindest teilweise bewältigen zu können, bedarf es der Fähigkeit, Schuldgefühle zu empfinden, aber auch Wiedergutmachung und Wiederbelebung zu erreichen. Eigenes Versagen, Enttäuschungen, schwer zu akzeptierende Gefühle und Phantasien, Begrenzungen und Beschädigungen müssen in einer Bewegung gehalten werden, damit sie nicht z.B. in einer Depression, einer Borderline-Störung oder einer Sucht chronifiziert werden. Das Erreichen der Gefühlsdifferenziertheit der depressiven Position ist nur möglich, wenn ein Stadium der stabilen Spaltung vorausgegangen ist. Dieser psychische Reifungsschritt wird als paranoid-schizoide Position bezeichnet. Hanna Segal (1964) schreibt dazu:

Eine Leistung der paranoid-schizoiden Position ist die Aufspaltung. Sie erlaubt dem Ich, aus dem Chaos aufzutauchen und Ordnung in seine Erfahrungen zu bringen. Dieses Ordnen von Erfahrung, das mit dem Vorgang der Spaltung in ein gutes und ein böses Objekt einhergeht, mag anfangs noch so zügellos wuchern, es wird gleichwohl das Universum der seelischen und sinnlichen Eindrücke des Kindes gliedern und ist daher eine Voraussetzung für die spätere Integration. Aus dem Ordnen, dessen Ursprung die Differenzierung von Gut und Böse ist, wird später die Fähigkeit zu unterscheiden.

Auch diese – der depressiven Position vorausgehende – stabile Spaltungsfähigkeit der paranoid-schizoiden Position stellt eine Regressionsschranke dar gegenüber den Suchterkrankungen und den schweren psychosomatischen Symptombildungen. Gelingt diese

Spaltung nicht, introjizieren viele dieser Patienten das böse Objekt bzw. Teilobjekte in ihre innere Welt, um sie dort zu behalten oder zu zerstören. In diesem Sinne schützt die Spaltung, sie kann aber auch die Basis für stabilisierende Entwicklungsschritte darstellen.

Das Zusammenwirken der frühen Spaltungsprozesse mit der schwierigen Integration der »depressiven Position« illustriert Thomas Felgendreher (2005) – neben anderen Gesichtspunkten – in seiner Zusammenstellung von Briefen von und mit Walter Bertelsmann, einem Worpsweder Maler der zweiten Generation. Dazu habe ich einen Kommentar aus psychoanalytischer Sicht geschrieben (Rippe 2005 b).

Nachdem W. B. in Worpswede Fuß gefasst hat, lernt er eine Schülerin von Mackensen, Ottilie Reyländer, kennen, deren Faszination er sich lange nicht entziehen kann. Schon bei der Nennung ihres Namens überkommt ihn Herzklopfen. Er bewundert sie in ihrer Kunst, die für ihn ein Vorbild darstellt und er will sich ihr beweisen. Es vergeht keine Stunde, in der er nicht an sie denkt und er steht Qualen der Sehnsucht aus, zieht sich vom geselligen Leben zurück und wird einsam. Eine erneute depressive Krise spitzt sich zu (mit 27 Jahren), stabile Phasen und Rückschläge wechseln sich ab.

In den Briefen Ottilie Reyländers, die früh selbstständig war und als emanzipierte Frau in Paris, Italien und später Mexiko lebte, zeigt sich eine selbstbewusste, eher kühl agierende Persönlichkeit, die die ihr entgegengebrachten Gefühle nicht beantwortet und nicht akzeptiert. Diese Zurückweisung kann zunächst Walter Bertelsmanns Erregung und Freude über die nur seltenen brieflichen Kontakte nicht verändern. Jedes

Bild das er malt, gilt ihr, über das Malen lebt er in einer »Gedankenehe« mit Ottilie Reyländer, was den Freunden Anlass zur Sorge gibt, seine Leidenschaft könne seine künstlerische Bahn stören, während die Mutter, Sophie Bertelsmann, ihrem Sohn den Rat gibt, einen Strich durch diese traurige Angelegenheit zu machen. Zur Psychologie dieser einseitigen Liebesbeziehung fallen einige Besonderheiten auf, die mit den Worten Idealisierung und Verliebtheit nicht mehr erfasst werden können. Ohne dass es eine realistische Annäherung und Nähe in der Beziehung zu 0. R. gibt, reagiert W. B. angelockt und verführt, während 0. R. hingegen ihr mäßiges Interesse und ihre Zurückweisung kaum verbirgt (»Ich habe das Gefühl, dass das alles nicht ganz echt ist, sondern dass auch sehr viel Theater und enorm viel verletzte Eitelkeit dabei sind ... Darum lassen wir es gut sein und auf sich beruhen und schreiben mir nicht mehr.«). Süchtig-zwanghaft hält W. B. an der Beziehung fest, so als ob er sich nicht von der abweisenden Sehnsuchtspartnerin abgrenzen kann.

Diese Konstellation wird in der Psychoanalyse von Freud, Klein, Fairbairn und Winnicott ausführlich beschrieben und begründet. Die ausweglose Beziehungssituation und der partielle psychische Stillstand geraten in Bewegung, als W. B. – jetzt Anfang dreißig – sich in Erna Lundbeck verliebt. Er bewundert ihre künstlerische Begabung und ihre gesunde, vitale, erotische Ausstrahlung. Aber zunächst siegt die machtvolle Attraktivität des »abweisenden Objektes«, wie es etwas mechanistisch in der psychoanalytischen Terminologie heißt. W. B. kann sich nicht von 0. R. trennen. Er löst die Verlobung mit Erna Lundbeck und leidet heftig unter Vereinsamungsangst und Schuldgefühl. Die emotionale Neuerfahrung für ihn ist, dass er zwar emotional Erna mit seiner Wankelmütigkeit und Ambivalenz erreicht, aber dass er ihre Liebe und Zuwendung nicht zerstört. Sie hält in Sorge, aber bemerkenswerter Festigkeit zu ihm, schließlich heiraten beide.

Im psychoanalytischen Sprachgebrauch würde es heißen: In Erna Lundbeck erlebt W. B. das bisher abgespaltene gute, akzeptable Idealobjekt, das in ruhiger, ordnender Weise Ich-Strukturen fördert und ins Stadium einer reiferen Form der Bezogenheit und Abhängigkeit führt.

Wohin führt der Weg? – Über die Unausweichlichkeiten des Lebens

Über Alterungsprozesse, Sterben und Tod wird in vielen Zusammenhängen gesprochen, geschrieben und zunehmend auch geforscht. In der Relation zwischen äußeren und inneren Gefahren liegt der Schwerpunkt der Psychoanalyse eindeutig bei den inneren Ängsten und der Analyse der inneren Konflikte. Der eigene Tod wird als biologischer Vorgang akzeptiert, die Todesangst ist ein bewusster Vorgang, im Unbewussten hat sie keinen Platz, es sei denn als Variante der Trennungs-, Kastrations- oder Überich-Angst. Der Tod kann nur negativ erlebt werden und ist durch keine Hoffnung auf ein Weiterleben zu überwinden. Für Freud ist die Vorstellung des Alterns und des Sterbens als letztlich friedliche Verschmelzung mit dem Universum – oder als Annehmen eines unbeschreiblichen Mysteriums – zu allen Zeiten fremd. Mit großer Emotionalität hält er an einer männlichen Gottesvorstellung fest, und er weigert sich bis zuletzt »sanft in eine gute Nacht« hinüber zu gehen. In einem Brief an Romain Rolland (zitiert bei Wangh 1989) schreibt er zu diesem Thema:

In welchen mir fremden Welten bewegen Sie sich doch! Die Mystik ist mir ebenso verschlossen wie die Musik.

Auch Paul Parin setzt auf die Kraft der analytischen Arbeit und schreibt (2004) in der *NZZ*:

Die Aufklärung unbewusster Motive erspart es mir, Altlasten seelischer Schmerzen mitzuschleppen, die man als Überlebensschuld bezeichnet. Du hättest für deine Lieben mehr tun können, mehr leisten für die Leidenden der Welt. Diese Schuld ist oft Ausdruck eines kindlichen Größenwahns. Solange du unter der Last stöhnst, könntest du das Unabänderliche doch noch ändern. Wenn die unbewusste Phantasie entlarvt ist, wird das vergangene Geschehen zur Erinnerung, zur Realität. Gelegentlich stellen sich trübe Gedanken ein, an Krankheit, an das Sterben und an den Tod. Die meisten Religionen bieten den Glauben an, dass die Seele nicht stirbt, sondern weiterlebt. Ich kann diesen Trost nicht annehmen, muss aber nicht erschrecken oder Angst haben. Längst weiß ich, dass Krankheit und Tod zum gemeinen Elend des Lebens gehören.

Beide Positionen (mütterlich-väterlich, real-mystisch) sind für mich sehr nachdenkenswert, immer wieder anregend aber unerreichbar. Das gleiche gilt für die spirituellen Erfahrungen und Vorstellungen östlicher Traditionen, die von einer Erfahrung der unendlichen Weite sprechen.

Diese lässt sich weder begreifen oder definieren,

aber vielleicht beschreiben. Suzanne Segal (2000) antwortet in einem Interview auf eine Frage zum Leiden, zur Krankheit und zum Sterben:

Wenn man Dinge nicht als das erkennt, was sie sind, sondern ihnen eine andere Bedeutung gibt, dann erzeugt das Leiden. Den negativen Bezugspunkt, das negative Selbstbild für die Wahrheit zu halten, ist im Westen weit verbreitet. Das Negative scheint wesentlich echter und tiefer als alles andere zu sein. Wenn Menschen über ihre Probleme reden, dann gibt es ihnen das Gefühl, sich wirklich zu kennen. Die Verherrlichung des Negativen ist unglaublich stark. Wenn jedoch diese negativen Vorstellungen, Überzeugungen oder Gefühle einfach als das erkannt werden, was sie sind, dann gibt es kein Leiden. Doch wenn sie für das gehalten werden, was ich bin, dann entsteht das Gefühl, dass mit mir etwas nicht stimmt und erst wenn ich mich verändere und mich von der Negativität befreie, wird mein Leben annehmbar sein... Wenn man sich wehrt, schafft man unnötige Konflikte. Das trifft genauso auf alle Gedanken, Gefühle und andere Erfahrungen zu, die im Ozean unseres Selbst auftauchen. Der Ozean lehnt sie niemals ab, er schafft niemals einen negativen Bezugspunkt und sagt: » Verdammt noch mal, das Seegras ist immer noch da. Mit mir stimmt etwas nicht!« Wenn sie auftauchen dann nimmt sie der Ozean als das wahr, was sie sind, und dann verflüchtigen sie sich wieder auf ganz natürliche Weise.

Meine eigenen emotionalen Möglichkeiten bewegen sich im Rahmen des folgenden Fallausschnittes mit Herrn L.:

73

Herr L. erzählte aus seiner zweiten Analyse bei einem ca. 65jährigen Analytiker, dass er zeitweise zwanghaft die Todesanzeigen lesen musste, um nachzusehen, ob sein Analytiker dabei war. Er hatte ein ganz schlechtes Gewissen, weil er annahm, es handele sich um seine Vernichtungs- bzw. seine Kastrationsphantasien. In den Sitzungen habe man eine Zeitlang hin und her überlegt, aber eigentlich sei nur ein Punkt richtig haften geblieben. In einer Sitzung sagte sein Analytiker »er habe natürlich auch Angst vor dem Tod, aber irgendjemand würde ihn schon unter die Fittiche nehmen.« Dies verstand Herr L. innerlich als ein mütterliches Einhüllen und nicht als väterliches Bestrafen oder elterliches Vernichten.

Diese Verbindung zum Mütterlichen bzw. die Suche danach hat Herrn L. immer wieder beeindruckt und ihn mit Phasen seines Lebens versöhnt, in denen er sehr häufig mit Todesphantasien, Erbschaften, Testamenten, Nachfolgeproblemen usw. beschäftigt war. Herr L.: »Es war ganz schwierig, in dieser zweiten Analyse den Tod meiner Mutter zu bearbeiten. Zuerst ging es um die Schuldgefühle, ich lebe, bin auf den ersten Blick gesund, für mich geht es weiter, sie geht langsam an Krebs zugrunde. Aber das war wirklich nicht alles, ich war ja und es quält mich noch heute – auch ganz damit einverstanden und manchmal zufrieden. Aber mit ihr zu sterben, das war wohl die Phantasie von früher. Damals wollte ich sie ganz für mich haben, um jeden Preis«.

Die enge und widersprüchliche Verbindung von Gefühlen, die einerseits mit Schutz und andererseits mit Vernichtung zu tun haben, ist mir gut zugänglich. Vielleicht gibt es dafür keine Lösung, sondern lediglich eine **Toleranz für ein Kommen und Gehen**, das nicht nur an Entwicklungsphasen gebunden ist, sondern eine **allgegenwärtige Bewegung der Gefühle** darstellt, die in jedem Augenblick stattfinden kann. In diesem Sinne verstehe ich auch das im ersten Kapitel zitierte Beispiel von Martin Grotjahn (Peters 2004, S. 130) als Zusammenfassung eines Selbstkonzeptes, in dem aber jeweils nur ein Anteil der vorstellbaren Gefühle enthalten ist.

Narziss – ein Mythos der Selbstliebe und der Grandiosität?

Viele psychoanalytische Arbeiten nehmen häufig direkt oder indirekt Bezug auf den Narziss-Mythos, zumeist in der folgenden Fassung: in der griechischen Mythologie verliebt sich Narziss in sein Spiegelbild auf einer Wasseroberfläche und stirbt, weil er unfähig ist, sich davon zu trennen. Dabei ist es letztlich nicht die Selbstverliebtheit an sich, die zu seinem tragischen Ende führt, sondern die damit einhergehende Unfähigkeit der Zuwendung zur Objektwelt.

Die Betonung der Selbstverliebtheit fördert m.E. Distanz und Abwertung, die besondere Beachtung des Misslingens der Beziehung ermöglicht mehr Empathie und verstehende Auseinandersetzung. In diesem Sinne interpretiert z.B. Seidmann (zitiert bei de Boer und Rippe 2000) den Narziss-Mythos:

Narziss seinerseits war 16-jährig und erschien vielen jungen Mädchen und Männern begehrens- und liebenswert. Aber niemand von ihnen konnte ihn rühren; keiner machte Eindruck auf ihn (...). Hinter seiner

zarten, feinen Gestalt und Erscheinung saßen ein har-
ter, gefühl- und liebloser, hartherziger Übermut und
Hochmut; ... Irgend jemand der vielen von ihm Ver-
achteten und Abgewiesenen, »aliquis despectus« (also
nicht die »Echo«!), betete zur Rhamnusia, zur Neme-
sis, der Göttin der Vergeltung, ... Narziss möge be-
straft werden... er möge einmal selbst so lieben und,
was er liebe, nie bekommen. Die Göttin stimmte zu.

Der zentrale Gesichtspunkt liegt eindeutig in dem
Nichtbekommen, nicht in dem Sich-selbst-Lieben.
Narziss muss dieses Bild im Wasser begehren, ohne in
ihm je einen realen Liebespartner zu erleben. Von daher wünscht er sich den Tod. So verstanden geht es
um ein Urbild eines tiefen menschlichen Misslingens,
vergleichbar mit Tantalus oder Sisyphos.

Diese Interpretation betont nachdrücklich das narzisstische Dilemma, die Liebe und Abhängigkeit zu
den Objekten der Umwelt zu ersehnen und gleichzeitig zu vermeiden, aus Angst, dass das eigene Selbst
durch Kränkungen und Niederlagen zerstört wird. Es
gibt wohl keine gelingende Entwicklung, in der es
langfristig möglich ist, ein überwiegend narzisstisch
gestütztes Selbst stabil aufrecht zu erhalten. Aus der
Sicht der psychoanalytischen Praxis ist dieser Prozess
alltäglich, aber er trifft auch auf die der Öffentlichkeit
zugänglichen Ausnahmekarrieren zu.

Wir erleben es z.B. im Sport, bei den Personen –
bei den wenigen – die fast ohne Zweifel ganz oben
stehen bzw. standen und zu denen nicht einmal Franz
Beckenbauer oder Boris Becker sicher gezählt werden. Ich denke dabei an Pele, Muhammad Ali, Tiger
Woods, Björn Borg, Michael Jordan und wenige andere, vielleicht auch an Ayrton Senna. Die Frage, was

diese Männer nun ganz besonders auszeichnet und warum in dieser Aufzählung keine Frau dabei ist, möchte ich hier nicht überlegen, stattdessen einige Anmerkungen zum Prozess der Abhängigkeiten und Niederlagen skizzieren. Dieser Weg ist unaufhaltsam und trifft jeden. Nur die besonderen Wege der Integrationsleistungen sind unterschiedlich.

Welcher Sport- bzw. Tennisfreund erinnert nicht, als Björn Borg auf dem Höhepunkt seiner Erfolge abrupt seine Laufbahn beendete, im Alter von Mitte zwanzig. Von der »Bild-Zeitung« bis zur »Zeit« wurde geforscht und interpretiert, welche Gründe wohl die entscheidende Rolle spielten, auch die psychische Verfassung von Borg wurde besonders beachtet, ohne schlüssiges Ergebnis. Die Überraschung war groß, als Björn Borg ungefähr 10 Jahre später versuchte, seine Karriere fortzusetzen, zunächst in seinem alten Outfit, aber die Rückkehr war ohne Erfolgschance.

Eine Interpretation war – sie war auch die meine – dass Borg eine unvollständige Entwicklung ganz zu Ende führen und letztlich nicht abbrechen wollte und konnte. Viele Interviews der nächsten Jahre zeigten einen veränderten Sportler, viel aufgeschlossener und gesprächsbereiter, der nicht besonders unter den sich häufenden Niederlagen zu leiden schien. Wenn es nun wirklich so war, dann ist es ein erstaunlicher und kreativer Prozess. Auch so kann ein Bruch zwischen dem Ich und dem Ich-Ideal verarbeitet werden, ein Wunschergebnis für jede Psychoanalyse, wenn sie sich denn überhaupt etwas wünschen darf.

Auch Tiger Woods fand einen Weg, sich der psychischen Verarbeitung von Abhängigkeit und Niederlage zu stellen. Jahrelang war er ein strahlender Golfheld, der beste Spieler der Welt, vielleicht bis zum Juni 2002, als er mit dem Gewinn der US-Open seinen bis dahin achten Major-Sieg erreichte. Dann kam der tiefe Fall und wir lesen 2003 im Weser-Kurier:

»Es war geradezu egal, welchen Schläger ich nahm. Ich konnte den Ball nicht im Spiel halten,« meinte Woods, der nur fünf von 14 Fairways nach dem Abschlag traf der sich mit für ihn unwürdigen kurzen Chips aus dem tiefen Gras querab auf die Fairways retten musste, statt das Grün anzugreifen. Kochend vor Wut über eigene Unzulänglichkeiten rammte er Schläger in den Boden, warf sein Handwerkszeug krachend in die Tasche, fluchte und haderte mit sich.

Tiger Woods ist bis heute dabei, zäh und hartnäckig, zeitweise auch wieder mit deutlichen Erfolgen. Der Glanz und die Leichtigkeit des strahlenden jungen Mannes gehören zur Vergangenheit, aber möglicherweise hat er selbst viel gewonnen. Aber wie schwer eine solche Einschätzung ist, zeigen die Entwicklungen und Krisen der letzten Jahre. Die Zukunft wird zeigen, ob und wie eine erneute Stabilisierung möglich ist.

Begrenzung und Illusion – zwei wichtige Stimmen im inneren Dialog?

Den psychoanalytischen Konzepten entsprechend wird der intrapsychische Raum eines Menschen bestimmt von seinen inneren Dialogen (zwischen den Instanzen Es, Ich, Ich-Ideal und Über-Ich). In der Sprache von Bollas wird dabei das Selbst behandelt wie ein inneres Objekt. Er beschreibt ein Beispiel seines eigenen Erlebens bei einer Vortragsreise (Bollas 1997), daraus ein Ausschnitt:

Einen Tag nach meiner Ankunft in Rom saß ich in einem Straßencafé. Eine schöne Frau ging vorbei, worauf ich im Stillen mit »Jetzt guck dir das an, Mensch!« reagierte, also mit einer Bemerkung zum Selbst als einem Objekt, die man sicherlich auf viele verschiedene Arten lesen kann. Es wäre aufschlussreich, der Phänomenologie dieser intrasubjektiven Beziehung weiter nachzuspüren. Wie behandeln z.B. unsere Patienten innerhalb des intrasubjektiven Raumes sich selbst als ein inneres Objekt? Worin liegt das Wesen ihrer Fähigkeit, ihren Affekten Ausdruck zu verleihen, innere Konflikte auszuhalten, zwischen Instinktforderungen und Über-Ich-Verboten zu vermitteln und eine hinreichend gute Lösung für die Konflikte zwischen Teilbereichen der Psyche zuwege zu bringen? Wie erleben sie sich bewusst und unbewusst als das Objekt des lenkenden Umgangs mit sich selbst?

In diesen inneren Dialogen haben die Instanzen Über-Ich und Ideal-Ich eine wichtige Teilfunktion. Das Über-Ich ist das Ergebnis der Ödipalität und des Kastrationskomplexes und fördert das Realitätsprinzip. Das Ich-Ideal ist die Verarbeitung des primären Narzissmus und die Kraft, Illusionen zu erhalten und zu differenzieren. Manchmal kommt es vor, dass das Realitätsprinzip der ödipalen Reife höher bewertet wird als die sich entwickelnde narzisstische Dynamik. Aus meiner Sicht ist dies nicht sinnvoll und ich möchte das Zusammenwirken beider Ebenen mit zwei Hinweisen (aus unterschiedlichen Kontexten) begründen.

(1) Die pathologischen depressiven Entwicklungen versucht Mentzos (2001) in einem Dreisäulenmodell darzustellen und somit Prozesse der Stagnation und der Veränderung zu beschreiben. Ist die innere Integration der drei Komponenten

- Größenphantasien
- Idealisierungen
- Akzeptanz durch das Überich

erheblich gestört, dann sind Entwicklungen bis zur schwersten Depression möglich. Die erste Säule zeigt die Entwicklung des Größenselbst über die Größenphantasien bis zu einem realistisch korrigierten Ideal-Selbst. Die zweite Säule symbolisiert die Entwicklung von den frühen symbiotischen Prozessen bis zu den reifen partiellen Idealisierungen. Die dritte Säule stellt die Stufen der strafenden und anerkennenden Gewissensaspekte dar. Wird die »Statik« dieses Modells durch Konflikte und Krisen erschüttert, mobilisiert das Selbst seine »Reserven« so lange bis die maladaptiven bzw. depressiven Gefühle dominieren und das Selbst seine Kompetenz und Selbstachtung verliert und nicht wiederherstellen kann

(2) Der (kreative) Wille braucht die Illusion, um die eigene Aktivität entwickeln zu können, die Einsicht in die Realität, das Verlieren und die Veränderung der Illusion. Diese Prozesse lassen sich gut in einigen Filmen der letzten Jahre nachvollziehen. Besonders denke ich dabei an »Rhythm is it!« von Thomas Grube und Enrique Sanchez Lansch. Hier wird die Verbindung von Verantwortung und leidenschaftlichem (illusionärem) Willen eindrucksvoll dargestellt. In »Rhythm is it!« begleiten die Filmemacher die Berli-

ner Philharmoniker, Sir Simon Rattle, den Choreographen Royston Maldoom und 250 Kinder beim Einstudieren von Strawinskys *Le Sacre Du Printemps*. Die Kinder – die meisten von ihnen ohne Erfahrung mit klassischer Musik und Tanz – entwickeln eine neue Basis der Beziehung zu sich und anderen, die weit über das gemeinsame Ziel hinausgeht. Sie lernen neue Gefühle kennen, in anderer Weise über sich nachzudenken, ihre Aufgaben und ihre Partner zu berücksichtigen und zu schützen. Angeregt und getragen wird dieser Prozess von der Musik, dem Tanz und auch von Royston Maldoom, von seinem leidenschaftlichen Engagement, seinen moralischen Werten und seiner Vernunft. Unabhängig von der Tragfähigkeit dieser Veränderung, handelt es sich um ein faszinierendes Projekt über kreative Entwicklungs- und Identifikationsprozesse, in denen sich Einsicht, Verantwortung und Illusion miteinander verbinden.

5. Frühe Störung und Ödipuskomplex

Lorenzer (1974, S.163f.) schreibt über die Konsensusbildung in der kasuistischen Diskussion:

Wenn der Analytiker das Erscheinungsbild einer bestimmten Interaktionsstruktur als hysterisch im Seminar darstellt, so reklamiert er nicht in erster Linie die Kenntnisse der anderen Seminarteilnehmer über theoretische Zuordnungen, sondern er beansprucht die Vorstellung von typischem hysterischem Interagieren. Die Vorannahmen stellen das unabdingbare Vermittlungsglied der Diskussion dar. Nicht von ungefähr verläuft die Konsensusbildung auch hier nicht über die mehr oder minder geglückte Einpassung in den Katalog theoretischer Kriterien, sondern immer über die Frage, inwieweit das präsentierte Bild einer analytischen Episode sich in den Vorannahmen der anderen in einer ihrer Erfahrung entsprechenden Weise fügt. Wenn die Szene z.B. von den einen Seminarteilnehmern als ödipal, von den anderen als präödipal interpretiert wird, so geht es – anders als bei internistischen Falldiskussionen – nicht um den Vergleich von Daten und Hypothesen, sondern um die Stimmigkeit der Gestalt, was heißt: Es geht um die Vermittlung der geschilderten Szene an die reklamierten szenischen Vorannahmen der Beteiligten.

Schwierig ist es, wenn auch die Vorannahmen in einem Lernprozess ständig bewegt werden. So wiederholte sich mit Beginn der Ausbildung eine merkwürdige Erfahrung in Diskussionen, Seminaren, Falldarstellungen. Manche Analytiker wiesen häufig auf die ödipalen Konflikte der Patienten hin und bei anderen tauchten diese kaum bis gar nicht auf. Aha – so dachte ich, das muss an der unterschiedlichen Schulenbindung der Dozenten liegen. Das war wohl auch nicht ganz falsch, aber es fiel noch weiterhin auf, dass im Verlauf längerer Diskussionen die Schwerpunkte ödipal und früh gestört nacheinander genannt wurden.

Manchmal entstand der Eindruck, dass dann, wenn das eine Thema ausgereizt war, das andere automatisch nachrückte. Das war hin und wieder amüsant, aber oft auch sehr verunsichernd. Langsam dämmerte es, warum die kasuistische Diskussion als Achillesferse der Psychoanalyse bezeichnet wurde. Sehr hilfreich für mich war ein älteres Buch von G. Guex, das ich später in einigen unterschiedlichen Zusammenhängen vorgestellt und diskutiert habe.

Die Entwicklung der Akzeptanz bei einem Borderline-Syndrom

Im Zusammenhang mit einem älteren aber anregenden Buch von Germaine Guex (1950, 1982) möchte ich hier einige Überlegungen zur therapeutischen Arbeit mit einem Verlassenheitssyndrom darstellen. Hierbei handelt es sich um eine sogenannte »frühe Störung« bzw. um ein Borderline-Syndrom (vgl. Rippe 1995, 2002).

Der Patient – Herr L. – ist 37 Jahre alt, verheiratet, zwei Kinder, von Beruf Betriebswirt. Er hat ein ganz gezieltes Anliegen. Ihm sei erneut etwas aufgefallen, worüber er gerne sprechen würde, ob ich ihm zuhören könne, eventuell auch um ihm zu sagen, was er nach meiner Meinung ganz falsch oder unvollständig zuordnen würde. Eine Psychotherapie im eigentlichen Sinne wolle er nicht mehr machen, er habe zwei lange psychoanalytische Behandlungen hinter sich, als es ihm sehr schlecht ging, er habe viel profitiert, einiges sei geändert, mit anderem habe er sich abgefunden. Jetzt ist folgendes passiert: Seine Frau, hier Anne genannt, habe sich verliebt. Er sei aber gar nicht so sehr in Panik geraten, wie er sich das auch schon häufig vorgestellt habe. Er würde sich verhalten wie »ein um Liebe Bettelnder«, obwohl er sich eigentlich gar nicht so sehr gebunden und zugehörig fühlen würde. Er könne auch gut alleine leben.

Herr L. war mir spontan nicht so sehr angenehm, er wirkte angespannt, distanziert, teilweise arrogant, z.B. als er sagte, er wolle für seine Beratung auch keine Krankenkasse mehr bemühen. Andererseits beeindruckte er mich durch viele lebendige Kindheitserinnerungen und durch Details und Parallelen zu seinen psychoanalytischen Erfahrungen. Als meine Zustimmung klar war, entwickelte sich bei ihm sofort ein umfassendes Einsamkeits- und Verlassenheitsgefühl, obwohl die Ehefrau von Herrn L. gar nicht daran dachte, die Partnerschaft zu verlassen und ihre Verliebtheit ziemlich abgekühlt war. Nach den Sitzungen fühlte auch ich mich ziemlich bedrückt und begann, in der Literatur über Objekverlustangst herum zu suchen. So kam ich auch zu Germaine Guex und dem »Verlassenheitssyndrom«.

Germaine Guex hat dieses Buch bereits im zweiten Weltkrieg geschrieben, dann liegengelassen. Es wurde 1950 veröffentlicht und hatte Erfolg. Die Autorin wurde häufiger um Überarbeitungen und Ergänzungen für Neuauflagen gebeten, hat sich jedoch aus nicht bekannten Gründen verweigert und auch einer Neuauflage 1972 nur widerstrebend zugestimmt. Die deutsche Übersetzung ist von 1982 und wurde z.B. auch in der *Psyche* besprochen.

Guex spricht von einem »Verlassenheitssyndrom« um herauszustellen, dass es nicht um eine Neurose geht, sondern um ein Syndrom bei einer ungefestigten Neurose bzw. Borderline-Struktur.

Folgerichtig spricht sie selten von Neurotikern, sondern überwiegend von Abandonikern und bezeichnet damit Patienten, die bewusst von einem psychischen Zustand beherrscht werden, der mit verlassen werden, verlassen sein, Verlassenheit oder »sich verlassen fühlen« kurz beschrieben werden kann.

»In einer präödipalen Neurose, in der das Verlassenheitssyndrom vorherrscht, stehen wir einem außerordentlich aktiven, bewussten Erleben gegenüber, das weder angenommen, noch verarbeitet, noch verdrängt worden ist. Obwohl es zeitlich weit zurück liegt, wird es als gegenwärtig empfunden, so dass der Kranke sich in Gedanken unaufhörlich damit beschäftigt. Zur »Neurose« führt dieses Erleben nicht aufgrund unbewusster Einbrüche in das Leben des Kranken, sondern infolge der Verschiebungen und Anachronismen, die es hervorruft: Der Patient lebt auf zwei Ebenen, in der Kindheit und im wirklichen Lebensabschnitt, verwechselt die beiden und verhält sich entsprechend« (Guex 1982, S. 19)

Herr L.: »Ich denke fast ständig über Verlassenheit« nach, die Gedanken kreisen, nicht nur Anne betreffend. Gestern Nacht bin ich durch Ihre Straße gefahren, habe nachgeguckt, ob die Lampe am Haus brennt und Ihr Auto da ist. Es fällt mir schwer zu erzählen, dass ich am letzten Donnerstag, als Sie den Termin abgesagt hatten, trotzdem gekommen bin, ich habe geklingelt und dann eine halbe Stunde auf der Straße gewartet.«

Als ich Herrn L. nach Erinnerungen an Situationen frage, wo er Fürsorge und Sich-Kümmern vermisst habe, fallen ihm viele Beispiele ein (in Stichworten: vier Geschwister im Internat, er als Lieblingsenkel der Großeltern durfte zu Hause bleiben, die Eltern waren vom Geschäft überbeansprucht, wechselnde Kindermädchen, nervöse, sehr unstete Mutter, der kaum anwesende Vater. Mit Erschrecken und Mitgefühl erfahre ich, dass Herr L. im Grunde lebenslang von der Verlassenheitsthematik beherrscht ist. Aber für ihn gilt auch, worauf Guex wiederholt ausdrücklich hinweist, dass das Ich des Abandonikers lückenhaft ist: »Gewisse Teile davon können manchmal einen überdurchschnittlichen Entwicklungsstand erreichen, während andere schwach und infantil bleiben« (a.a.O., S. 45). Allerdings braucht das »Ich« wohl erheblich Energie, um sich »Geschichten zu erzählen«, die mit Verlassenheit und mit Reaktionen darauf zu tun haben.

Als wesentlichen Schwerpunkt der Identität des Verlassenen beschreibt Guex die »Rache an der Vergangenheit«: »Die offensichtlichste Art, Aggressivität zu bezeugen und den Groll zu besänftigen, ist seine Rache an der Vergangenheit: Anderen aufzuerlegen, was er selbst erlitten hat, zu drohen, zu enttäuschen, seinerseits zu verlassen – dies alles ist Ausdruck seines Vergeltungsdranges« (a.a.O., S. 32).

Herr L.: »Ich habe mich immer schon mit Phantasien beschäftigt, wie ich andere verlassen kann, wie sie darunter leiden. Früher bin ich oft hinter meiner Mutter her gerannt, dass sie mich ansieht, sich um mich kümmert. Dann habe ich mir z.B. ausgemalt, dass ich krank bin, oder dass ich mich umbringe, sie leidet und ich soll ihr verzeihen. So ist es später auch bei den Freundinnen gewesen, ich habe sie manipuliert, mich interessant gemacht, und sie dann links liegen gelassen. Es ist ein verrückter Gedanke, aber ich könnte meine Frau manipuliert haben, sich zu verlieben, vielleicht kann ich gegen ihren Freund gewinnen, es ist wie ein zwanghaftes Spiel, es kommt immer wieder. Das ist wohl der Ödipus-Komplex.

Ich: »Glaube ich nicht so recht, ich denke es ist mehr die Enttäuschung über die frühe Verlassenheit und das Ausgeschlossensein«.

Herr L.: »Sie scheinen mir ja nicht das beste Verhältnis zum Ödipus zu haben«. Er ist erschrocken über seine Aggressivität.

Ich: »Sieht so aus, als ob ich Sie gekränkt habe und zur Strafe vom Feld muss, ich gehöre nicht dazu, ich bin Außenseiter.« Herr L. stimmt zu.

Während ich vorübergehend mit der Frage meiner Zugehörigkeit in der psychoanalytischen Gemeinschaft beschäftigt bin, berichtet Herr L. über seine Versuche, Liebe, Zuwendung und Interesse zu finden.

Herr L.: »Als ich meine Frau kennenlernte, mit 21, habe ich sie zunächst mit Geschenken überhäuft, bis sie es über war. Trotzdem habe ich fast zu jedem Treffen Blumen mitgebracht. Schon das Kaufen war eine Qual. Stimmte die Farbe, die Zahl, die Zusammenstellung? Beim Geben habe ich sie genau beobachtet. Meist war ihr wenig anzumerken. Sie hat danke gesagt und sonst nichts. Wenig später habe ich meist gesagt, ich glaube, Du magst mich nicht richtig, es ist vielleicht besser, wenn wir uns trennen. Sie hat mich angeguckt und den Kopf geschüttelt. Für einen Augenblick war ich erleichtert, vielleicht für eine viertel oder halbe Stunde. Dann ging das Bohren weiter. Später dann ist häufig passiert, dass ich, wenn sie einen Wunsch ausgedrückt hat, sofort angefangen habe, über die Realisierung nachzudenken. Ich habe viele Dinge gekauft, z.B. Schmuck, Bücher, die dann wohl falsch waren, habe heimlich eine Reise gebucht, die dann völlig daneben lag, usw. usw.«

Ohne Übergang kommt Herr L. dann auf mich zu sprechen. Ihn beschäftige der Gedanke, welche Tabaksorte ich rauche, dass er es nicht wagen könne, mir einen Tabak seiner Wahl zu schenken, weil er falsch sei, auch wenn er viel kosten würde. Auch eine neue Pfeife würde mir nicht gefallen. Er habe gehört, Pfeifenraucher hätten alle eine Macke, die würden nur Pfeifen rauchen, die sie selber ausgesucht haben. Wieder erschrickt er.

Ich: »Sie erschrecken häufig, wenn sie an Grenzen kommen oder Grenzen vielleicht überschreiten. Sie haben Recht, dass mir die geschenkte Pfeife oder der geschenkte Tabak wahrscheinlich Schwierigkeiten machen wird. Wir können es vielleicht so machen, dass ich Ihnen, wenn Sie noch wollen, zum Abschluss unserer Zusammenarbeit die Tabaksorte sage und ich dann gerne 50 Gramm annehme.«

Herr L. ist erleichtert: »Ich glaube, das ist das Schlimmste für mich, wenn ich mit einem anderen Menschen zusammen bin und ich kann ihm nichts geben.«

Guex bezeichnet diese Geschenke als »Minderwertigkeitsgeschenke«, die aber das zentrale Gefühl des Ausgeschlossenseins nicht beruhigen können. Auch in den folgenden Sitzungen berichtet Herr L. in vielen Beispielen über diese Unfähigkeit, sich als liebenswert erleben zu können. Relativ zu Beginn seines Studiums lernt er seine spätere Freundin und Frau Anne kennen. Eines Nachmittags gehen sie zusammen aus einer Vorlesung in ein Café. Anne ist bedrückt und teilt ihm umständlich mit, dass sie Probleme habe. Herr L.: »Ich glaube, ich weiß was du meinst, Du hast Dich in Jürgen verliebt, aber der hat ja noch eine andere Freundin.« Anne: »Es stimmt, ich habe mich auch verliebt, aber nicht in Jürgen sondern in Dich.« Herr L. springt vor Erschrecken fast in die Luft. »Was, in mich, mich kann man doch nicht mögen«. Trotzdem beginnt die Beziehung, wobei der Ex-Freund von Anne sehr eifersüchtig besetzt wird, obwohl beide sich überhaupt nicht mehr treffen.

Dazu sagt Guex: »Der Dritte ist im Leben der meisten »Verlassenen« ein Störenfried, nicht aber ein sexueller Rivale oder ein sexuelles Objekt. Sexualität ist ein Mittel, das zur affektiven Sicherheit verhelfen soll« (a.a.O., S. 25). Dieser Aspekt hatte auch besondere Bedeutung, als Frau L. sich aktuell verliebte. Herr L. verfolgte sie regelrecht mit sexuellen Wünschen, bettelte und drohte, erpresste und tyrannisierte, »ein um Liebe Bettelnder.«

Zur Biographie erinnert Herr L: »Meine Mutter hatte die Gewohnheit, sich häufig in meiner Gegenwart aus- oder anzuziehen. Sie hatte eine kräftige Figur und einen großen Busen. Einmal bin ich richtig auf sie losmarschiert, vielleicht mit fünf. Sie hat gebrüllt und mich rausgeschickt. Es ist mir unklar geblieben, was ich eigentlich von ihr wollte. Nachts bin ich manchmal aufgewacht, wenn sie mit ihrem Mann zusammen war. Ich hatte Angst und bin zu ihr hin. Sie hat mich barsch zurückgeschickt.«

Diese Zurückweisungen, die damit verbundene Aggressivität, bis hin zu Todesphantasien und -wünschen, haben in den zwei Analysen von Herrn L. eine wichtige Rolle gespielt.

Auf einen Aspekt der Todesphantasien möchte ich im Zusammenhang zu Guex besonders hinweisen (zu diesem Beispiel siehe auch Kap.4). Herr L. erzählt aus seiner zweiten Analyse bei einem ca. 65-jährigen Analytiker, dass er zeitweise zwanghaft die Todesanzeigen lesen musste, um nachzusehen, ob sein Analytiker dabei ist. Er habe ein ganz schlechtes Gewissen gehabt, weil er annahm, es handele sich um seine Vernichtungs- bzw. seine Kastrationsphantasien. In den Sitzungen habe man eine Zeitlang hin und her überlegt, aber eigentlich sei nur ein Punkt richtig haften geblieben. In einer Sitzung habe sein Analytiker gesagt »er habe natürlich auch Angst vor dem Tod, aber irgend Jemand würde ihn schon unter die Fittiche nehmen.« Dies habe Herr L. innerlich begriffen als ein mütterliches Einhüllen und nicht als väterliches Bestrafen oder elterliches Vernichten.

Auch hier ist noch einmal darauf hinzuweisen, dass Guex nicht die Bedeutung ödipaler Konflikte verleugnet. Sie betont nur immer wieder, dass manchmal ein wenig stabiles Ich das Ödipus-Problem nicht ertragen kann und dass es von daher nicht zu einem konturierten Konflikt zwischen den Triebpotentialen und dem Über-Ich kommen kann. Stattdessen wird die dyadische Verlassenheit immer wieder neu aktualisiert. Dieses Thema wiederholt sich in allen Stunden in verschiedenen Varianten, die emotionale Struktur und die

Erlebnisfolge ist immer ähnlich (in der Lebensgeschichte, der aktuellen Realität und der Übertragung). In einigen Situationen ist der Auslöser gut erkennbar, dann wiederum scheint er zu fehlen.

Nach 35 Sitzungen beendet Herr L. unsere Zusammenarbeit. Er ist nicht unzufrieden, betont, dass er seine »Anfälle von Verlassenheit« besser akzeptieren könnte. »Diese Gefühle kommen und gehen, ich weiß nicht genau, wodurch sie ausgelöst werden, das ist schade, aber wohl nicht zu ändern«.

Nach dem Ende – von meiner Seite hätte ich gerne noch fortgesetzt – habe ich die folgenden Überlegungen aufgeschrieben:

Die Psychoanalyse geht von sechs Ebenen der Metapsychologie aus: der topischen, der dynamischen, der ökonomischen, der strukturellen, der genetischen und der adaptiven. Wenn man diese Kategorien ausschöpft, verliert die Diskussion Konfliktpathologie gegen Mangelpathologie an Bedeutung. Intrapsychische Vorgänge, Lern- und Beziehungserfahrungen, Ich- und Identitätsentwicklung finden jeweils ihren Platz. Aus dieser Sicht ist es möglich, einzelne Aspekte des Verlassenheitssyndroms und des Patienten Herrn L. noch einmal durchzugehen.

Die Meinung von Guex ist beschrieben worden. Wie sind jedoch die Triangulierungen von Herrn L. zu bewerten?

(1) Der ödipale Konflikt

Herr L. selbst verwendet die Überschrift Ödipuskomplex, klar ist auch, dass er seine Mutter wollte und begehrte. Aber wenn das Heranreifen zur ödipalen Konfliktstufe bedeutet, dass er begehrt und kämpft, dass er sich schuldig und verantwortlich fühlt und dass er die Schuld aushält, so verstanden würde ich sagen, deutlicher geworden ist der folgende Konflikt.

(2) Der narzisstische Grundkonflikt

Das Narzissmuskonzept untersucht die Verhältnisse zwischen Ich und Ich-Ideal. Die verlorene Allmacht, die Einheit zwischen dem Ich und dem Ich-Ideal soll wiederhergestellt werden. In diesem Sinne kann man die Beherrschungs- und Manipulationsversuche von Herrn L. verstehen als ein zwanghaftes »Getriebensein«, dem Zerbrechen des Selbst zuvorzukommen. Die Annahme ist naheliegend, dass es für das Klima und die Wirksamkeit einer psychotherapeutischen Behandlung wichtig ist, ob der Therapeut versucht, sich in das zerbrechliche Selbst eines Patienten einzufühlen oder ob er bearbeiten will, dass der Patient an seinen Triebwünschen festhält und sie nicht bewältigen oder sublimieren kann. So ist für den einen Don Juan ein triebstarker Mensch mit schwacher Objektbindung, für den anderen ein Mensch, der das Zerbrechen des Selbst durch sexualisierte und aggressivierte Heilungsversuche zu verhindern sucht. In der Darstellung von Guex und im Beispiel Herr L. werden diese Notmaßnahmen des Selbst deutlich beschrieben.

(3) Die Kehrseite der narzisstischen Medaille, das »narzisstische Negativ« umfasst die Bereiche Sadismus, Masochismus, Schuld- und Unwertgefühle. So kann Herr L. z.B. seine Leistungen für die Familie nur

reaktionsgebildet zum Ausdruck bringen, also mit dem negativen Vorzeichen »ich gebe euch alles, ich behalte nichts für mich, ich mache mich kaputt«, obwohl er sagen möchte: »Schaut, das habe ich gemacht, eine ganz große Leistung!«

(4) Einige Überlegungen über das »Ich« von Herrn L., verstanden als Kontrollstruktur, die äußere und innere Reize integrieren soll, können ebenfalls zu einem erweiterten Verständnis beitragen. Herr L. kommt zur Therapie, weil er sich überfordert und unsicher fühlt, anders ausgedrückt, seine integrierenden Ichfunktionen sind labil. So betrachtet fragt er an: »Ich weiß eine ganze Menge über mich, auch durch zwei Analysen, ich weiß auch viel über die Verlassenheitsthematik und die dahinter stehenden Konflikte. Sagen Sie mir, soll ich jetzt in meinem Unbewussten weiter suchen, oder muss ich mich damit abfinden, dass immer dann, wenn Verlassenheit aktualisiert ist, gerade dieses »Programm«, gerade dieses Subsystem von Bildern, Affekten und Verhaltensweisen diese große Bedeutung gewinnt?«

Für 35 Sitzungen war ich als Hilfs-Ich gefragt. Meine Antwort – mit Hilfe von Guex – könnte ich so formulieren: »Im Unbewussten zu suchen kann nie verkehrt sein, aber die Verlassenheitsthematik gehört zu Ihnen und das wird sich wohl auch nicht ändern. Aber Sie können darauf achten, wann und wodurch Ihre Hülle verletzt wird, sich Ihre inneren Grenzen verschieben, Sie nicht mehr so gut unterscheiden können zwischen Gegenwart und Vergangenheit«.

Herr L. zum Abschluss: »Wenn ich das so lese mit den Borderline-Störungen, da habe ich irgendwie ja wohl auch Glück gehabt, ich kann manchmal Hilfe annehmen, obwohl es auch sehr kränkend ist. Wenn ich wieder einbreche, dann rufe ich Sie an«. Er stutzt, zögert, grinst: »Na ja, inzwischen habe ich schon gemerkt, in Bremen gibt es ja jede Menge Psychoanalytiker«.

6. Die Wirkfaktoren in der Therapie

Freud schreibt über das Wechselspiel der förderlichen und hinderlichen Kräfte (1938, S. 420):

Auf der Seite des Patienten wirken für uns einige rationelle Momente wie das durch sein Leiden motivierte Bedürfnis nach Genesung und das intellektuelle Interesse, das wir bei ihm für die Lehren und Enthüllungen der Psychoanalyse wecken konnten, mit weit stärkeren Kräften aber die positive Übertragung, mit der er uns entgegenkommt. Auf der anderen Seite streiten gegen uns die negative Übertragung, der Verdrängungswiderstand des Ichs, d.h., seine Unlust, sich der ihm aufgetragenen schweren Arbeit auszusetzen, das Schuldgefühl aus dem Verhältnis zum Über-Ich und das Krankheitsbedürfnis aus tief greifenden Veränderungen seiner Triebökonomie. Dabei kommt der positiven Übertragung besondere Bedeutung zu, da die Zuneigung, die der Patient dem Analytiker gegenüber empfindet, die Tendenzen stützt, die angebotenen Interpretationen kritisch aber wohlwollend zu überprüfen.

Neben einem freudschen Zitat über die Berechtigung, ein unbewusstes Seelisches anzunehmen (1913, S. 264f.) war die Darstellung der Übertragung ein zentrale Thema der bereits erwähnten Schloßveranstaltung. Der entscheidende therapeutische Wirkfaktor wurde damit verbunden, und das war eine ganz andere Welt als die verhaltens- und gesprächstherapeutischen Akzente der Psychologieausbildung im Institut. Auch die Übertragung ist kein übersichtliches psychoanalytisches Konzept, sondern ist eng verbunden mit anderen

95

Interpretationsschwerpunkten: Übertragung und Gegenübertragung, Aufbau der Übertragung, Übertragungsneurose, Übertragungswiderstand, Übertragung bei unterschiedlichen psychischen Erkrankungen, um nur einige Aspekte zu nennen. Eigentlich gab es nie die Möglichkeit, sich auf abgegrenzte Lerninhalte zu beziehen. Aber daraus entwickelte sich für mich auch eine produktive Dynamik. Diese verdichtete sich in einem Vortragszitat von Professor Reinhard Tausch, der sagte, »Das Interessante an der Psychoanalyse ist das Menschenbild, als Therapieform ist sie viel zu kompliziert«.

Die erste Teilaussage über das Menschenbild war zu keiner Zeit ein Problem, für den zweiten Teil brauchte ich sehr lange, um für mich klären zu können, dass die vielen Modelle der Psychoanalyse ein Angebot darstellen, das zum Verstehen eines Patienten und seiner Therapie zu nutzen ist. So hat sich eine Akzeptanz für eine Perspektivenvielfalt entwickelt, mit der Möglichkeit nach unbewussten intrapsychischen Konflikten zu suchen, aber auch an die Struktur- und Traumaperspektive zu denken. Das folgende Beispiel ist mit dieser Entwicklung verbunden, neben einigen wichtigen Erweiterungen wird m.E. die grundlegende Bedeutung der positiven Übertragung bestätigt.

Die Differenzierung der emotionalen Erinnerung und der Ich-Struktur[2]

In diesem Fallbeispiel liegt die dargestellte Veränderungsdynamik wesentlich in einem Prozess der emotionalen Vertiefung, der dazu beiträgt, dass sich Gefühle aus der körpernahen Verarbeitung lösen und differenzieren. Ausgangspunkt ist ein » Moment der Begegnung«, der als Konzept im Abschnitt 7 näher beschrieben wird. Übertragungs- und Gegenübertragungsprozesse klingen an, im Mittelpunkt steht die Ich-Struktur des Patienten, die sich schrittweise entwickelt und auch zu einer Verbesserung der Selbst- und Objektwahrnehmung führt. Diese Erzählung geht aus von zwei Perspektiven:

(1.) Der Sichtweise des Patienten (P. genannt) in seiner sprachlichen Darstellung und in der Interpretation seines Therapeuten. P. ist – zu Beginn der Behandlung – Mitte 50, leidet an Asthma, Hautsymptomen und Bluthochdruck und hat bereits verschiedene Therapieerfahrungen hinter sich. Er ist Ingenieur von Beruf, lebt weitgehend isoliert, war früher kurze Zeit verheiratet, hat keine Kinder, einige Familienmitglieder leben weit entfernt. Er hat dem Therapiebericht zugestimmt, die doch vorgenommene Anonymisierung war ihm weniger wichtig als die Auflage, einige Ereignisse ganz auszulassen.

P. wurde in einem Randgebiet einer süddeutschen Großstadt geboren, mitten hinein in einen Familienclan aus Bauern und Handwerkern, die recht eng auf

---

[2] Erste Fassung als Hörkassette (Rippe 1998).

einander wohnten. P. hat drei ältere Geschwister und lebte mit seiner Familie im Haus der Eltern der Mutter. Gerade diese Wohngegend wurde zum Zeitpunkt seiner Geburt permanent bombardiert, weil deutsche Soldaten in der Nähe vermutet wurden. Einige Männer der Großfamilie waren an der Front, einer wurde vermisst, zwei waren in Russland gefallen, darunter auch der ältere Bruder von P.s Mutter. An die Kriegszeit hat P. nur eine schemenhafte Erinnerung.

(2.) Der Therapeut (T. genannt) ist ein Diplom-Psychologe mit psychoanalytischer Ausbildung, Anfang 50, also etwas jünger als P. Auch er ist durch die Nachkriegs-Kindheit erheblich belastet. Die Erzählung selbst ist überwiegend in der Ich-Form geschrieben, um lebendig darzustellen und Brüche zu vermeiden.

Wie bereits kurz skizziert, ist P. ein zurückgezogen lebender Mann mit zeitweise erheblicher und bedrohlicher psychosomatischer Symptomatik, der die analytische Psychotherapie neben der medizinischen Versorgung prüfend und skeptisch beginnt. Seine Erwartungen und Hoffnungen sind eher bescheiden, so dass der einjährige geringe Therapiefortschritt keine größere Beunruhigung nach sich zieht. Neben seinen Hauptsymptomen »passiert« P. zeitweise etwas, das er selbst nicht als sonderlich bedeutungsvoll erlebt. Es gibt in Abständen Situationen, in denen sein Gesicht plötzlich feucht wird, ihm die Tränen nur so runter laufen und er denkt, sein ganzes Gesicht könne sich in Wasser auflösen. Nach wenigen Minuten ist dieser Zustand vorbei. Gründe und Zusammenhänge für dieses Phänomen sind spekulativ und wenig überzeugend. Auch in den Analysesitzungen tropfen einige Male die Tränen auf das Kissen.

T.: Ich empfinde die Sitzungen als zunehmend monoton. Wenn ich z.B. abends an das Therapieprogramm des nächsten Tages denke, habe ich P. vor mir, ich weiß, wie er klingelt, ich kenne die Art seiner Begrüßung, das Zurechtrücken auf der Couch, das lange anfängliche Schweigen. Dann kommt der Bericht über seinen Arbeitstag, wieder das Schweigen, meine Versuche nach seinen Einfällen zu fragen, sein bemühtes Ergänzen weiterer Schilderungen seiner Arbeit, meine Hinweise, dass er ruhig in seinen Gedanken hin und her springen könne, seine Zurückweisung, dass es so etwas nicht gebe bei ihm, meine Anfrage, ob das immer so sei, seine Antwort z.B., in seinen Träumen wäre das wohl nicht so, aber an die würde er sich selten erinnern. Die Stimmung schwankt häufig zwischen resigniert, deprimiert, gereizt und manchmal etwas ängstlich hin und her. Meine Beschreibung bestätigt P.: »Das ist bei mir auch sonst immer so, ich glaube, es ist auch früher immer so gewesen.« Meine Erfahrungen mit der Wirksamkeit von Geduld, der Zurücknahme von drängenden Impulsen, der mehr passiven Konzentration auf eigene Affekte und Phantasien lassen mich weiter auf eine »Begegnung« hoffen.

Geduldig und hartnäckig beobachte ich die Gegenübertragung, mache hin und wieder Vorschläge über Hintergrundgefühle, die ich vermute, aber die Stimmung der Resignation und zunehmend der Depressivität schreitet voran, auch die Arme und Beine werden schwerer. Und dann kommen die »komischen« Gefühle, wie ich sie auch aus den regressiven Stadien anderer Behandlungen kenne. P. dämmert sprachlos vor sich hin, ich gucke aus dem Fenster in die Natur. Komisch, das Grün ist ja heute viel blasser, Quatsch, vorhin sah es doch noch so schön aus, liegt es vielleicht am Licht: Hoffentlich liegt es am Licht, das fehlt auch noch, dass wieder so ein Tief kommt. Ach, da vorne, da sitzt ja wieder diese dicke Taube, die hat ja nicht nur Grau, sondern auch Blau im Gefieder. Nee, diese ist ganz grau, ist wohl doch eine andere, die jetzt auf ihrem Platz sitzt. Ach ja, die Taube jemand hatte mir einen Abschnitt von Botho Strauß gezeigt, ging es da auch um eine Taube? Nein, es war irgendein anderes Tier.

Eine strickende Mutter. Ihrer Hände Arbeit diebisch maschinell, verrückt. Der erste Ärmel eines grauen Pullovers wächst ihr aus dem Schoß. Wie die Ameise in der Fabel sorgt sie für den Winter vor. Neben ihr döst der Sohn, ein aufgedunsener Junge. Sein Alter ist unkenntlich gemacht, er ist mongoloid. Nach einer Weile beginnt er sich zu bewegen, es ruckt im Urphlegma. Eine Beobachtung macht ihm zu schaffen. Es ist die Giraffe in ihrem Gehege, und er sagt auch »Giraffe«. Dazu schüttelt er den Kopf, wie es Erwachsene tun, wenn sie auf etwas Unerhörtes oder Ungehöriges reagieren; aber die Gebärde wirkt seltsam manieriert, männlich erfahren und frisch erworben zugleich. Ja, sagt die Mutter, ohne von ihrer Strickarbeit aufzublicken, das ist eine Giraffe. Nun schüttelt er heftiger den Kopf und sagt zweimal schnaubend »Giraffe ... Giraffe!« Er müht sich nämlich mit allen Kräften etwas hervorzubringen, das weit über die blöde Identifizierung der Giraffe als Giraffe hinausreichen soll. Auf ihrem schmalen Kopf, zwischen den Ohren, hat die Giraffe eine Taube nieder sitzen lassen und verscheucht sie nicht. Die Erscheinung könnte auch der Mutter ein kleines Staunen abgewinnen, sie ist mindestens ebenso apart wie die sprechenden Schnappschüsse jede Woche im »Stern«. Sie sieht aber nicht hin und sagt noch einmal: »Ja, das ist eine Giraffe, Herbert. Die Giraffe ist das höchste Tier auf Erden.« Der Behinderte nickt. Nun sagt er nichts mehr. Fehlschlag der Begeisterung. Kurz vor dem Sinn, vor der gesprochenen Freude muss er aufgeben und sinkt zurück in die Veranlagung. Eine Taube im Schraubstock. Der Kopf ruht wieder schief und teilnahmslos auf der Banklehne (aus Botho Strauß: Die Widmung, 1977, 1996).

T.: Also keine Begegnung, im Gegenteil. Stattdessen kommt das Erschrecken. In einer der gewohnten Sitzungen bemerke ich, oder habe ich nur das Gefühl, dass mein Gesicht feucht wird, es sind keine Tränen, eher so als hätte ich aus Versehen zu viel Creme genommen, oder sie nicht richtig verrieben. Angespannt sitze ich im Sessel und denke an dieses Symptom des Patienten, die Tränen, die ich hin und wieder sehe, die zur Kenntnis genommen werden, aber eher randständig bleiben. Etwas ratlos denke ich über meine »Ansteckungsbereitschaft« nach. Ich vermute aber, ich hätte diesen Vorfall weg geschoben, wenn nicht folgendes hinzugekommen wäre.

Zwei Sitzungen, nachdem P. gegangen war, habe ich eine Krisenberatung im Sitzen und wieder kommt dieses »Tränengefühl«, ohne deutlichen Zusammenhang. Obwohl meine Patientin nicht auf mich achtet – sie hat reichlich mit sich selbst zu tun – bin ich über den Tag hinaus beunruhigt. Ich versuche mir Mut zu machen, ich könnte mich doch auch positiv angespro-

chen fühlen, es tut sich etwas in der Therapie. Nachdem die Grenzen zwischen P. und T unscharf geworden sind, durch das Versinken in die gleiche Stimmungslage, gibt es jetzt eine kleine Kontur. Na also,
dann fangen wir eben mit den Tränen an. Sofort
kommen die Zweifel. Macht es überhaupt Sinn über
die Tränen nachzudenken, muss ich nicht eigentlich
die »Ansteckungsbereitschaft« in erster Linie beachten, meine »Durchlässigkeit«, die ich nur mühsam als
möglicherweise produktiv bewerten kann. Ich komme
ins Grübeln, suche in Aufsätzen und Büchern herum,
nutze eine Kollegendiskussion mit einer diskreten Beschreibung meines Problems und fühle mich gar nicht
wohl, als ein Kollege sagt, er würde sich nur an Bücher halten, wenn er verwirrt sei.

Wie könnte ein »Gleichsein« zwischen P. und mir
aussehen, gibt es Zusammenhänge zum Beispiel zwischen Tränen und Trauer? Mein Elternhaus stand
hundert Meter von einem Friedhof entfernt. Jeder
Trauerzug musste an unserem Haus vorbei. Meist saßen einige aus meiner Familie hinter den Gardinen,
traurig waren sie nicht. Auf dem Hinweg war die Musik ganz langsam und schwer, auf dem Rückweg lebendig und lustig. Verstanden habe ich das damals
nicht, ich dachte, ein Friedhof muss ein merkwürdiger
Ort sein.

Als kleiner Junge machte ich dann Ausflüge zu
dieser geheimnisvollen Attraktion. Viele kleine Kreu-
ze standen da, die Stahlhelme oben drauf, mit steiner-
nen Gesichtern schoben die Mütter den Sand hin und
her. Ich kam nur langsam wieder los, von den Müttern
und den Helden, Tränen habe ich dort nicht gesehen.
Phantasien gab es viele, aber ein Held wollte ich ver-

mutlich nicht werden. Wie sieht es überhaupt bei den Helden aus und mit ihren Tränen?

Angefüllt mit diesen Gedanken, biete ich P. meine Einfälle an, zu meinen Kindheitserinnerungen, den Kriegshelden und zum Heimweh.

P. reagiert zuerst unbewegt und ratlos. Dann sagt er spöttisch: »Glauben Sie wirklich, dass bei den vielen Bombenangriffen und den vielen Toten so ein positives Lebensgefühl wie Heimweh bei mir entstanden ist. An die ersten Jahre kann ich mich zwar nicht erinnern, die kenne ich nur vom Erzählen, aber ich bin immer ein angespanntes Angstbündel gewesen.«

T.: Beschämt gestehe ich ein, dass mein Gedanke an Heimweh wohl nicht sehr sensibel ist. Auch in den folgenden Sitzungen bin ich wiederholt mit meinen Scham- und Peinlichkeitsgefühlen beschäftigt, dadurch noch verstärkt, dass mir P. die Absurdität meiner Vorstellungen noch weiter vorführen will.

P.: »Also, erinnern kann ich mich … na … ich würde sagen an die ersten drei Jahre meines Lebens nicht, aber wenn ich mir so vorstelle, was alles in der Familie erzählt worden ist, z.B. über die Bombenangriffe. Die ganze Verwandtschaft rannte in den Keller, der war wohl am sichersten und trotzdem, die Dachpfannen flogen weg, die Scheiben sprangen raus, ich glaube, unser Haus ist mehr als zehnmal neu gedeckt worden. Eine Geschichte wurde immer wieder erzählt. Ich war wohl gerade ein paar Wochen alt, da kam wieder so ein Angriff und ich lag bei meiner Großmutter im Arm, im Keller. Kurz vorher hatten die Großeltern die Nachricht erhalten, dass ihr ältester Sohn gefallen war, in den Kopf geschossen. Plötzlich krachte es wohl laut, die halbe Decke kam runter. Meine Oma hat mich in die Arme meiner Mutter geworfen. Dann kam der Schutt runter, wohl fast auf meinen Platz. Später wurde erzählt, dass die Oma mich geworfen hat, dass meine Mutter mich wenigstens im Tod haben sollte. Ja, so bin ich wohl auf die Welt gekommen, mit den Bomben und mit den toten Söhnen. Aber den anderen Kindern ging es auch nicht anders, jedenfalls in unserer Familie, wir haben alle erst einmal ein paar Särge inhaliert, ich glaube, der älteste der Gefallenen bei uns war 25 Jahre.«

T.: Ich denke an meine Kindheitserinnerungen und versuche mir vorzustellen, wie eine Mutter sich fühlt, wenn die Nachricht kommt, dass ihr ältester Sohn erschossen wurde. Wie teilen sich überhaupt Tod und Vernichtung einem kleinen Kind mit, ganz davon abgesehen, wie es dann individuell verarbeitet wird?

Ich frage P., ob er sich eigentlich genauer vorstellen könne, wie man die »Särge inhaliert«, die Toten von damals verinnerlicht. Ich wisse zwar, dass er sich an die erste Zeit mit der depressiven Oma und der sehr ängstlichen Mutter nicht erinnern könne, aber vielleicht gebe es Einfälle dazu.

P. verneint, aber er dreht auf der Couch kurz den Kopf zur Seite, so als ob er mich spontan ansehen wolle. Eine Zuwendung zu mir?

T.: Impulsiv möchte ich ihn fragen, ob mein Eindruck richtig sei, dass er mich ansehen wollte, aber ich traue mich nicht, um – so sage ich mir – nicht zu aufdringlich zu sein. Wie lässt sich dieser Ablauf verstehen, zeigt sich hier eine basale Kontaktaufnahme? P. hat einen Impuls mich anzusehen, führt ihn aber nicht aus und ich blockiere bei einer sprachlichen Fassung dieses Ablaufes. Was nun? Welche Gefühle und Phantasien können eine Rolle spielen? Ich versuche, die Art unserer Begrüßung genauer zu erfassen. Aber damit stehe ich auch vor einer schwierigen persönlichen Aufgabe, weil ich bereits als Kind viel mit der notwendigen Dosierung des Augenkontaktes zu tun hatte. In meinen Selbsterfahrungsbemühungen hatte ich u.a. Folgendes herausgefunden: Für mich als Kind war es – wie auch bei den Kindern der Nachbarschaft – in der Nachkriegszeit verboten, sichtbar mit Spielzeugpistolen umzugehen, nicht einmal ein Stück Holz als Cowboypistole war akzeptiert. Ein Junge von nebenan kam auf die grandiose Idee, »dann schießen wir eben mit den Augen, das merkt keiner.« So wurde ich in die magisch-motorische Ebene des Augenausdrucks eingeführt. Natürlich hoffe ich, auch andere Formen der Symbolisierung kennen gelernt und entwickelt zu haben, andererseits ist mir aber sehr bewusst, dass gerade der Blickkontakt von zentraler Beziehungsbedeutung ist. Wie ist es zu verstehen, dass ich einerseits glaube, einen Beziehungsversuch von P. zu spüren, den ich aber gleichzeitig mit einer ganz spezifischen aggressiven Phantasie verbinde?

Ich frage P., ob er eine Idee, eine Phantasie, eine Beschreibung darüber finden könne, wie seine beiden Mütter sich verhalten hätten, wenn er z.B. auf dem Arm gesessen hätte, er hungrig war, er gestillt wurde?
P.: »Darüber habe ich mir nie Gedanken gemacht, später hat meine Mutter immer gesagt, sie könne keine kleinen Kinder auf den Arm nehmen, aber das habe ich schon öfter mal gehört, dass Mütter sagen, dass es nicht so leicht ist, Babys zu mögen.«
T.: »Wie könnte es bei Ihnen gewesen sein?«

P.: »Gemocht hat sie mich wahrscheinlich schon, ich weiß nicht, vielleicht auch nur manchmal, aber vor ihrer eigenen Mutter hat sie Angst gehabt.«

T.: »Warum wohl? Gibt es Gründe, die Sie kennen?«

P.: »Sie ist am Leben geblieben, hat auch noch Kinder gekriegt. Es ist ja viel über diese Überlebensschuld geschrieben worden.«

T.: »Sie glauben nicht so recht daran?«

P.: »Doch schon, es war bestimmt schwer für meine Mutter, sich über mich zu freuen, wenn meine Großmutter in der Nähe war, wie soll das auch gehen, in der Zeit der Toten. Wahrscheinlich hat sie mich schnell der Großmutter in die Hand gedrückt.

T.: »Wann wurde Ihnen diese Stellvertreterrolle für den Bruder der Mutter deutlich?«

P.: »Richtig gemerkt habe ich es erst mit so ungefähr 16, als die Großeltern auffallend drängten, dass ich den gleichen Beruf lernen sollte wie ihr gefallener Sohn. Vorher war alles viel undeutlicher für mich, ich dachte wohl, das ist normales Interesse, normale Liebe, aber manchmal war das schon sehr übertrieben. Nicht so sehr, dass mein zweiter Vorname der Name des Toten war, das geht ja noch, aber wenn meine Oma mit strahlenden Augen sagte: »Da ist ja unser P., nur wenn ich in das Zimmer kam«, da war mir schon sehr komisch. Oder wenn sie mir voller Stolz erlaubte, was meine Mutter gerade verboten hatte, irgendwie war das gut, aber ich fühlte mich nicht wohl dabei.«

T.: »Wenn man an die vielen Todesfälle in der Familie denkt, dann ist es wahrscheinlich sehr schwer nachzufühlen und zu unterscheiden, wie die einzelnen in der Familie diese Verluste verarbeitet haben.«

P.: »Doch, sagen kann ich schon etwas dazu, ich habe auch mal so eine Familienrekonstruktion mitgemacht, ich habe Einiges behalten, ob es mich überzeugt hat, das weiß ich nicht so genau. Meine Großmutter könnte ihren ältesten Sohn sehr geliebt haben oder sie war sehr stolz auf ihn, ich glaube zu meiner Mutter war sie sehr beherrschend und streng, die Liebe habe ich nicht gemerkt. Vielleicht war sie innerlich tot, als der Sohn gestorben ist, vielleicht auch schon früher. Jedenfalls ihren Stolz mir gegenüber habe ich immer deutlich gemerkt. Andere Gefühle spielten keine Rolle. Wenn ich mal wieder krank war, dann kam sie nie zu mir, da war eher meine Mutter zuständig. Ich glaube schon, dass ich wie eine Wiedergeburt war, kann sein dass das Interesse in der Nachkriegszeit langsam abnahm. Vielleicht wurde meine Großmutter erst dann so depressiv.«

T.: »Woran denken Sie?«

P.: »Mir kommt es so vor, dass irgendwann alle wie verschwunden waren. Real kann das gar nicht sein, die waren doch meistens da, aber nicht lebendig. Das Haus war wie leer. Die Oma tauchte mal mit verweinten Augen auf, meine Mutter war nicht da, alles eher unheimlich.«

T.: »Es ist also durchaus vorstellbar, dass die Großmutter, vielleicht auch die Mutter erst in den Jahren nach dem Krieg, als Sie vier oder fünf Jahre alt waren, stärker erkrankten. Nachdem die äußere Bedrohung nicht mehr da war.«

P.: »So könnte es gewesen sein oder als andere Möglichkeit, dass erst dann meine Erinnerung richtig zunimmt. Aber über den Tod des Sohnes bzw. des Bruders wurde nie gesprochen, über ihn als Person schon. Aber vielleicht wurde es wirklich erst leer als der Krieg vorbei war. Aber die Männer, mein Vater und mein Großvater, waren in diesen Jahren auch nicht in

Sicht, mein Großvater erst später, mit sieben oder acht, mein Vater noch später. Vorher ist alles so vage.«

T.: »Wie sind denn Ihre ersten klaren Erinnerungen?«

P.: »Ich glaube, die ersten Erinnerungen kommen aus der Zeit, in der »alle da waren«. Wir hatten die Toilette in einem kleinen Nebengebäude, ich hatte schon immer Angst, wenn ich alleine hin
musste, wenn es dunkel wurde. Und dann ging auf einmal eine Sirene los, Feueralarm. Ich bekam riesige Angst, das Herz klopfte bis zum Hals, so als ob die Bomben schon auf das Haus fielen. Ich glaube, das sind meine ersten Erinnerungen. Aber dann kommt schon dieses Verlassenheitsgefühl, das war eine andere Angst, da klopfte das Herz nicht. Da war es – das kam auch wie ein Anfall – fremd, unheimlich, so als ob etwas passieren könnte, keine Bomben, aber so als ob ich nicht mehr richtig da bin, mich vielleicht in eine andere Person verwandle oder in ein Tier. Kann ich gar nicht richtig beschreiben.«

T.: »Konnten Sie etwas dagegen tun?«

P.: »Ich bin hin- und hergelaufen, zuerst habe ich wohl auch andere im Haus gesucht, aber nicht gefunden. Dann habe ich das gemacht, was ich dann mit 9 oder 10 Jahren auch immer wieder getan habe. Dauernd hatte ich einen Taschenspiegel bei mir, immer habe ich in meinem Gesicht rumgedrückt, als ob ich nur Pickel hätte, ich habe wahllos gemalt, Dreiecke, Vierecke, Kreise, immer nach einem bestimmten System. In den Schränken habe ich rumgesucht, Tabletten ausprobiert, die da rum lagen. Ich mag da nicht gerne dran denken. Als ob diese Zeit zurückkommt. Am schlimmsten wurde es, wenn ich anfing, meine Hände zu bearbeiten, die Haut an den Fingernägeln oder wenn ich jede kleinste Hornhaut aufbohrte, das wurde blutig und schmerzte wie verrückt. Auf der Haut habe ich dann herumgekaut, und dann fing es auch schon mit dem Alkohol an. In meiner Familie trank eigentlich niemand, aber es gab eine Kammer, in der der Alkohol rum stand, ganz viele Flaschen, die als Geschenk mitgebracht wurden. Und ich fing an zu probieren, die fehlende Menge habe ich dann mit Wasser aufgefüllt, manchmal fühlte ich mich stark. Erleichternd war auch, wenn ich trotz der Angst phantasieren konnte. Meistens waren es irgendwelche Heldenphantasien aus dem Krieg, als tapferer Offizier, als jemand, der andere Menschen retten kann, einer der es zu hohen Ordenszeichen bringt und von den Anderen bewundert wird. Das tat gut, aber auch das ging nur bis zu einer Grenze, dann wurde das Gefühl irgendwie ekelig, ich habe mich verachtet, ich glaube, dass ich dann sogar froh war, die depressive Stimmung zu haben, nicht die Angst, die war schlimmer. Also irgendwie war das ein Kreislauf. Angst, Hautschneiden, Phantasien, Alkohol.«

T.: »Spielen bei diesen Heldenphantasien eigentlich auch Ihre Väter, Ihr Vater und Ihr Großvater, eine Rolle?«

P.: »Ich glaube, weit weniger als die Mütter. Die Väter waren ja viel weiter weg, da war die Distanz größer. Ich denke auch als Helden haben sie sich wenig geeignet, die Großmutter hatte sowieso alle im Griff. Später war wohl ganz hilfreich, wenn der Großvater mal gesagt hat, ich glaube auch der Vater, »Nun lasst doch mal den Jungen in Ruhe«, wenn die beiden Frauen wieder so viel auf mich einredeten, als ob sie im Wettkampf stünden, wer nun eigentlich am meisten über mich zu sagen hätte. Merkwürdig, dass daraus entstanden ist, dass ich mich später mit Männern viel besser verstanden habe, obwohl ich ja für die Frauen viel wichtiger war.«

T.: »So wie wir Ihre Entwicklung jetzt verstehen können, waren Sie auf der einen Seite der wertvolle Stellvertreter, der »Held«, der die Lücken wieder schließen und die Depressionen mildern sollte, auf der anderen Seite sind Sie der mehrfach abgewiesene Junge. Diese Zurückweisung hat aber wohl ganz verschiedene, nur schwer überschaubare Gründe.«

P.: »Ich denke, mit der Geburt bin ich erst einmal weggegeben worden, an die Großmutter. Die hat mich wohl eine Zeitlang behalten oder vielleicht auch nur eine bestimmte Phase ihrer Trauer oder vielleicht auch nur so lange, bis ich sie nicht gestört habe. Aber bestimmt wollte ich lieber zu meiner Mutter. Schlafen durfte ich wohl im Bett des Großvaters, aber zu meiner Oma, da rührte sich nichts. Ein Kind denkt sicher nicht so, aber heute würde ich sagen, sie war viel zu alt, zu faltig, zu streng, eben keine, auf die man groß Lust hat. Meine Mutter war mehr so ein Mädchen-Typ, blass, zart, starke Stimmungsschwankungen, meistens Migräne. Zu ihr habe ich mit fünf Jahren gesagt: »Du, ich bleibe immer bei Dir« und sie hat nur geantwortet: »Du verlässt mich doch sowieso.« Ihr bin ich nachgestiegen, um sie zu sehen und meinem Vater habe ich dann doch wohl mehr Unglück gewünscht als meinem Großvater. Also, erst habe ich die Mutter verloren, dann die Großmutter und dann noch mal die Mutter.«

T.: »Und wie ging es dann weiter?«

P.: »Ich denke, es ging immer mehr in den Rückzug. Die Angstanfälle waren immer wieder da, eigentlich wohl ganz verschiedene Ängste. Ich suchte die Krokodile unter dem Bett, die Einbrecher und Mörder stiegen durch das Fenster, ein Düsenjäger stürzte auf das Haus und noch viele andere Erschütterungen. Ich ritzte weiter an den Händen und Armen, konnte aber auch kaum ein Kartoffelschälmesser in der Nähe haben. Einmal hat meine Mutter mich angesprochen, als ich vor dem Küchenschrank stand. Sie sagte: »Ich weiß ganz genau, was in Dir vorgeht«. Ich habe mich abgewandt, nur noch wenig gesprochen, habe zu ihr immer gesagt. »Lass mich in Ruhe, ich mache das schon.« An mein Innenleben wollte ich keinen heranlassen, dann schon lieber die Angst haben, obwohl die auch schrecklich war. Später als Jugendlicher hätte ich auf meine sportlichen Leistungen stolz sein können, im Laufen, im Schwimmen und in der Fußballmannschaft. Mich wollten sie immer, ich war ein richtig Guter, nicht so gut wie in meinen Phantasien, aber ich hatte einen Haufen Urkunden und Pokale, war Auswahlspieler, andere Vereine kamen auf mich zu. Aber das schlimmste waren die Siegerehrungen, wenn ich aufgerufen wurde, andere Leute sahen mich und klatschten.

Manchmal habe ich gedacht, es sei viel besser zu verlieren. Häufig habe ich die Straßenseite gewechselt, wenn mir Bekannte aus dem Sport entgegenkamen. Bestimmt wäre ich rot geworden oder hätte angefangen zu schwitzen vor Verlegenheit. Ich konnte nicht fühlen, dass ich irgendeinen Wert hatte. Besonders schwierig wurde es zu Beginn des Studiums. Alles war ungewohnt und fremd: die Universität, mein Zimmer, die Stadt, ich hatte nur ganz wenige Bekannte. Dann kamen auch gleich einige Prüfungen. Irgendwie ging es schnell bergab. Einen Mitstudenten hatte ich etwas kennen gelernt, er wohnte ganz in meiner Nähe. Eines Nachmittags hatte ich wieder so einen Unruhe-Angst-Anfall. Halbwegs benommen bin ich zu ihm hingegangen und habe geklingelt. Als sich nichts rührte, steigerte sich die Angst. Mein Herz klopfte wie wild und ich dachte, jetzt ist es so weit, jetzt wirst du sterben. Ich bin in die nächste Arztpraxis gerannt und habe eine Spritze bekommen.«

T.: »Was konnten Sie gegen diese Ängste tun?«

P.: »Zuerst wurde ich mehrfach gründlich untersucht, auch in der Universitätsklinik. Vermutet wurde Einiges, auch ein Nebennierenrindentumor. Und dann blieb ich an den Medikamenten hängen, in erster Linie an Valium. An zwei Studenten habe ich mich ganz dicht angeschlossen, ich war dann immer deren Begleiter oder sie waren meine. Wir haben fast alles zusammen gemacht, und hatten auch später eine Wohngemeinschaft.«

T.: »War die Talfahrt eigentlich aufzuhalten oder ging es weiter bergab«?

P.: »Aus der heutigen Sicht ging es weiter bergab. Das Studium habe ich gerade geschafft, eine unbefriedigende Arbeit gefunden, die Freunde aus der Uni verloren und für ein Jahr eine Ehefrau gewonnen. Die war aber die Begleiterinnenrolle schnell über, jemand, der einigermaßen in Ordnung ist, will ja auch mehr partnerschaftliche Beziehung und nicht eine, die so unlebendig ist.«

T.: »Die Trennungen und die Verluste nahmen also weiter zu.«

P.: »Kann man so sagen. Dafür wurden die Herzattacken weniger, stattdessen kamen Hautsymptome und Bluthochdruck hinzu. Wenn ich mir das so ansehe, was mein Körper schon alles produziert hat – ich wollte ich wäre in anderen Bereichen so kreativ. Aber dadurch, dass mein Körper so wichtig wurde, bin ich erstmalig auch mit Psychotherapie in Beziehung gekommen, zuerst mit Körpertherapie. Das war wohl nicht schlecht, weil ich mehr Gefühl oder Wahrnehmung für meinen Körper bekam. Ich konnte dann besser Spannungen fühlen, nicht nur die Schmerzen, wenn z.B. die Haut aufgesprungen ist. Ich konnte auch mehr die einzelnen Regionen unterscheiden, den Kopf, den Nacken, die Knie.

Als ich zu einer Dienstreise in die USA musste, habe ich meinen Urlaub gleich rangehängt und bin in eine Klinik gegangen, die die Zusammenhänge zwischen Blutdruck, psychischen Konflikten und Sprache untersucht. Da habe ich gemerkt, dass der Blutdruck allein schon durch den Sprechkontakt enorm steigt. Haben Sie etwa gewusst, dass die langjährigen Gefängnisinsassen die besten Werte haben ... mit den chronisch Schizophrenen zusammen?«

T.: »Und dann sind Sie bei einer Psychoanalyse gelandet.«

P.: »Ja, zuerst mit 35 Jahren, ungefähr vier Jahre lang, über 500 Stunden. Ich hätte mir gewünscht, dass eine Beziehung besser gelingen würde. Meine Freundin hat selber eine Analyse gemacht, sie hat mir viel erzählt, sie war begeistert. Manchmal hat sie mich ein bisschen gedrängt, das war auch Thema der Vorgespräche, aber eine eigene Motivation, eine Hoffnung war auch bei mir.«

T.: »Wie war das Ergebnis?«

P.: »Ich weiß es nicht, merkwürdigerweise sind mir nur einige kleinere Dinge deutlich in Erinnerung geblieben.«

T.: »Gibt es etwas, was heute anders ist als früher, in Ihren Gefühlen, in Ihren Symptomen?«

P.: »Im Rückblick und aus den gemachten Erfahrungen muss ich sagen, es ist überwiegend alles beim Alten. Die Ängste und die verschiedenen Symptome sind immer wieder gekommen, die alten Wunden sind sozusagen immer wieder aufgebrochen. Aber immer hat es auch Besserung oder Veränderung gegeben, wohl auch durch das, was ich therapeutisch gemacht habe. Die Körpertherapien haben mir geholfen, bei Ihnen habe ich Halt gefunden, weil ich meine Lebensgeschichte, meine Entwicklung klarer einordnen kann.«

T.: »Ist das etwas anderes als eine intellektuelle Leistung?«

P.: »Kann ich nicht sagen. Sicher kann ich über einiges besser reden, aber es ist auch eine andere Form der Existenz, ich fühle mich klarer, wenn ich mir bei einem Angstzustand erklären kann ›siehst du, jetzt ist es genauso wie vor 14 Tagen, als du vor Peinlichkeit am liebsten verschwunden wärest.‹ Sagen wir so, die Symptome sind da, aber ich habe zurzeit mehr Kraft, um mit ihnen umzugehen. Dann ist noch etwas passiert, das ich nicht richtig beschreiben kann.

Vielleicht erinnern Sie sich noch an unsere Diskussion über das Heimweh. Zuerst habe ich auch zu Hause oft gedacht, das ist der absolute Schwachsinn, ich denke auch heute noch manchmal daran. Aber merkwürdigerweise sind mir doch einige Erinnerungen gekommen, über die Dinge, die auch schön waren. Zum Beispiel wenn die Großfamilie auf die Felder gefahren ist oder zum Heuen oder Torfstechen und ich dabei sein durfte, auf dem Wagen oder beim gemeinsamen Frühstück. Da war ich ganz ruhig, mir war wohl. Oder – merkwürdigerweise – auch auf dem Dorffriedhof sieben Kilometer von uns entfernt. Da stand ein riesiger Baum und wenn die Zweige und Blätter sich leise bewegten, dann bin ich nahe an den Stamm gegangen, ich fühlte mich sicher und beschützt »unter den Fittichen«. Aber da ist auch wieder die Nähe zu den Toten. Ob das auch etwas Mütterliches und Gutes ist? Aber da werden meine Gefühle wieder unruhig und angespannt. Und dann kommen auch die Tränen. Ich könnte sofort zu diesem Friedhof fahren, die Gräber suchen und mich unter den Baum stellen. Und dann weiß ich auch genau, das wird nie mehr weggehen, manchmal denke ich, muss ja auch nicht oder lohnt sich sowieso nicht mehr in meinem Alter. Mehr kann ich eigentlich nicht sagen, an der Liebes- oder Arbeitsfähigkeit hat sich nichts geändert, das ist wie es immer war.

Vielleicht weiß ich auch nicht was Liebesfähigkeit ist, vielleicht ist das ja das gleiche wie Heimweh. Ich habe es auch nicht schaffen können, die Gräber regelmäßig in Pflege zu geben. Es zieht mich immer wieder hin. Die Therapie mit Ihnen ist wie ein Spaziergang, eine Wanderung durch meine Lebensgeschichte und ich muss auch den Toten nicht mehr aus dem Weg gehen. Konkret konnte ich das ja sowieso nicht, aber ich konnte mich innerlich nicht mit ihnen beschäftigen, mit ihnen in der Phantasie sprechen, das war wie abgeschnitten. Die Schwelle merke ich heute noch, so als ob ich die Gedanken abbrechen will, dann nimmt der Druck im Körper zu. Sie sind mit mir mitgegangen, nein, Sie sind vorausgegangen, Sie haben mich getragen, obwohl ich zuerst dachte, Sie würden mich mitschleifen, wie in einer ungewollten Schwangerschaft. Deprimierend, wenn man so zurücksieht auf die vertanen Chancen, auf die Möglichkeiten, gut leben zu können. In normale Bahnen kommt mein Leben wohl nicht mehr; obwohl ich nicht mehr ganz so autistisch bin. Aber gegen meine Wünsche nach Anderen, wie man so schön sagt nach Nähe, da muss ich mich wehren, das bekommt mir nicht.«

7. Die emotionale Neuerfahrung im Gegenwartsmoment

Balint (1970, S.156f.) schreibt in einem Behandlungsausschnitt:

In der zweiten Hälfte der zwanziger Jahre nahm ich eine attraktive, lebhafte, ziemlich kokette junge Frau Ende der zwanzig in analytische Behandlung. Ihre hauptsächliche Beschwerde war, dass sie nichts durchführen konnte. Sie hatte schon vor mehreren Jahren ihr Studium praktisch beendet, brachte es aber nicht fertig, sich zum Abschlussexamen zu melden. Sie war sehr beliebt, mehrere Männer hatten sich ihr genähert, einige mit ernsthaften Heiratsabsichten, aber sie konnte ihre Liebe nicht erwidern. Allmählich kam heraus, dass ihre Hemmung mit einem lähmenden Gefühl der Unsicherheit einherging, sobald sie ein Risiko eingehen und eine Entscheidung fällen sollte. Sie hatte eine enge Bindung zu ihrem energischen, ziemlich zwanghaften, aber äußerst zuverlässigen Vater; sie verstanden und schätzten einander, während ihre Beziehung zu der etwas eingeschüchterten Mutter, die sie als unzuverlässig empfand, offenkundig ambivalent war. Es dauerte fast zwei Jahre, ehe diese Zusammenhänge für sie einsichtig wurden. Es war etwa zu jener Zeit, als ich einmal die Deutung gab, es sei für sie sehr wichtig, immer den Kopf oben und die Füße fest auf den Erdboden zu behalten. Darauf erwähnte sie, dass sie es seit frühester Kindheit nie fertig gebracht habe, einen Purzelbaum zu schlagen, obwohl sie es oft versucht hatte und ganz verzweifelt war, wenn es nicht ging. Ich warf ein: Na, und jetzt? – worauf sie von der

Couch aufstand und zu ihrer eigenen größten Überra-
schung ohne weiteres auf dem Teppich einen tadello-
sen Purzelbaum schlug. Dies erwies sich als ein wah-
rer Durchbruch. Es folgten Veränderungen in ihrem
gefühlsmäßigen, sozialen und beruflichen Leben in
Richtung auf größere Freiheit und Elastizität. Sie er-
reichte es, zu einer schwierigen Prüfung zugelassen zu
werden, bestand sie, verlobte sich bald darauf und
heiratete.

Dieses Zitat entwickelte sich später zu einem Prototy-
pen für verschiedene aktuelle Konzepte über therapeutische Wirkungszusammenhänge (z.B. moment of
meeting, Enactment, Handlungsdialog). Zur Zeit meiner Ausbildung wurde Balint gerne zitiert, weniger
konzeptorientiert, sondern mehr als ein Beispiel für
ein hochakzeptiertes therapeutisches Vorbild. Das
Purzelbaumbeispiel selbst sei so nicht übertragbar,
aber könne gut verdeutlichen, dass es Schlüsselerleb-
nisse gibt, die zumindest der therapeutischen Atmosphäre aber auch der Selbststärke des Patienten eine
qualitative Veränderung ermöglichen. Den Stand meiner Erfahrungen habe ich später wie folgt zusammengefasst.

Die emotionale Neuerfahrung im Gegenwarts-
moment

Dieses wichtige Konzept der Veränderungsdynamik
wurde mir besonders zugänglich, als ich begann, mich
mit dem Konzept Markierungen intensiver zu beschäftigen. Ich gehe davon aus, dass Markierungen und

emotionale Neuerfahrungen nicht voneinander zu trennen sind.

Die Markierungen

Meine ersten Begegnungen mit diesem Konzept gehen zurück auf einige wichtige Erfahrungen in meiner Lehranalyse in der psychoanalytischen Ausbildung. Der Begriff war mir damals nicht bekannt, aber die Abläufe sind mir nicht verloren gegangen. Ich lag auf der Couch, erzählte meine Einfälle und Träume und wartete auf die Deutungen meines Analytikers, so wie ich es gelesen und gehört hatte. Aber ich wartete überwiegend vergebens, weil mein Analytiker – W. R. Graf Finckenstein – eine andere Vorgehensweise bevorzugte. Er erzählte oft Beispiele u.a. aus – wie er sagte – lange zurückliegenden psychotherapeutischen Behandlungen. Den Bezug zu mir und meiner Lebensgeschichte konnte ich häufig nicht richtig finden, aber ich hörte ihm gerne zu und ich war beeindruckt von seiner Empathie, seiner Phantasie und seinem guten Gedächtnis. Dass er mich so erreichen konnte – oder ich ihn – schien beiden durchaus zu gefallen.

Diese allmählich gewohnte Resonanz änderte sich schlagartig, als er mir folgendes Beispiel erzählte: Ein früherer Patient – ein Beamter aus einer ca. 80 km entfernten Kleinstadt – konnte seine Therapiesitzungen in Bremen nur wahrnehmen, weil seine Kollegen ihn arbeitsmäßig entlasteten, wenn er zur Therapie unterwegs war. Nach manchen Sitzungen allerdings war dieser Patient so in seinen Gedanken verloren, dass er Züge und anschließende Arbeitstermine verpasste, wodurch wiederum seine Kollegen unwillig bis ärgerlich reagierten. Diesen Ablauf konnte ich deutlich auf mich beziehen, als mir bewusst wurde, dass ich – ohne es zu merken – mir angewöhnt hatte, zu den Analysesitzungen regelmäßig einige Minuten zu spät zu kommen. Plötzlich war ein »Aha-Erlebnis« gegenwärtig: Ich bin ganz direkt gemeint und meine Verspätungen haben etwas mit »Ärger« zu tun oder sie haben zumindest »Ärger« ausgelöst.

Ich bin auch heute noch voller Anerkennung, dass das Thema »Ärger« in dieser taktvoll-vorsichtigen Weise in die gemeinsame Arbeit eingeführt wurde. Ein direkteres Ansprechen hätte mich damals sicher stärker irritiert und eine bestehende abweisend trotzige Grundhaltung meinerseits wohl eher verstärkt. Vielleicht war diese durch die beginnende Idealisierung etwas aufgelockert worden. In meinem heutigen Sprachgebrauch würde ich sagen, mein Lehranalytiker hat eine emotionale Bewegung markiert und über diese Markierung habe ich eine größere Achtsamkeit für Gefühle gelernt, die ich in mir habe und die ich bei anderen auslöse. Mit diesem »Interpersonalen Interpretationsmechanismus« (Fonagy et al. 2004) beschäftigt sich der hier vorliegende Abschnitt aus unterschiedlichen Perspektiven

Eine zweite Begegnung zum Thema »Verspätung« in einer Kontrollanalyse (mit Dr. Rudolf Haarstrick) unterstützte den beschriebenen Prozess. Wegen einer erheblichen Terminenge kam ich ständig zur Kontrolle fünf Minuten zu spät, ohne den eigentlichen Grund mitzuteilen. Mein Kontrollanalytiker nahm das hin, ohne etwas dazu zu sagen. Vor diesem Stresstermin an einem Wintertag sprang mein Auto nicht an. Ich lief zur nächsten Telefonzelle, rief meinen Kontrollanalytiker an, um ihm mitzuteilen, dass ich etwas später kommen würde. Als ich dann eintraf, begrüßte mich Herr Haarstrick mit einem strahlenden Lächeln, als ob ich ihm mit meinem Anruf ein Geschenk gemacht hätte. In dieser Weise hat er meinen Anruf »markiert« als etwas Bedeutungsvolles, etwas Warmes und Beziehungsvolles, das wiederum mich sehr berührt hat.

Diese kleinen Szenen, diese Markierungen, Gegenwartsmomente und Begegnungen könnte ich jetzt weiter fortsetzen, aber sie werden insgesamt Thema sein und immer wieder in verschiedenen Varianten dargestellt und diskutiert werden. Ich bin überzeugt, dass in diesen kleinen Szenen – neben der Wichtigkeit des Durcharbeitens – die Würze der Veränderungsdynamik in psychotherapeutischen Behandlungen zu sehen ist. Wie lässt sich der Begriff »Markierung« beschreiben? Zuerst einige allgemeine Vorbemerkungen: Marker bzw. Markierung ist eine Sammelbezeichnung für Elemente mit einer Hervorhebungsfunktion. Bezogen auf Gefühle werden spezifische Erlebens- und Kommunikationsaspekte ergänzt durch Vermerke wie

- das ist wichtig für mich,
- das ist akzeptabel,
- das berührt mich wenig,
- das macht mir Angst,

um nur einige Beispiele zu nennen. Die emotionalen Signale sind im Verhalten einer Person erkennbar und müssen zunächst nicht in einer unbewussten Tiefendimension verstanden werden. In psychotherapeutischen Behandlungen kommen Markierungen häufig vor, sie werden jedoch unterschiedlich beachtet, gewichtet und in therapeutische Interventionen integriert.

Eine umfassende Darstellung des Konzepts »Markierung« in den verschiedenen emotionspsychologischen, neurowissenschaftlichen und psychotherapeutischen Zusammenhängen kann hier nicht geleistet werden. Ich weise deshalb nur auf diese Kontexte hin:

- Die somatischen Marker (Damasio 2000)
- Die Entwicklung des Selbst (Fonagy et al. 2004)
- Die Markierung in der Gegenübertragung (Rudolf 2004)
- Die Förderung emotionaler Veränderungen (Greenberg et al. 2003)

Trotz der unterschiedlichen Schwerpunkte dieser Konzepte gilt für alle die Grundposition: Individuelle Erfahrung ist immer mit emotionalen Daten gekoppelt. Erst dadurch wird die Erfahrung bewertet und gibt ihr einen persönlichen Sinn. Wolfgang Seidel (2004, S.11f) illustriert mit einem Beispiel aus dem Alltagsleben:

Denken Sie gerade mal an die letzte Silvesternacht zurück. Vielleicht haben Sie gefeiert, vielleicht saßen Sie im Kreise von Familienangehörigen, vielleicht waren Sie sogar unterwegs oder mussten arbeiten. Sie können sich an die Räumlichkeiten erinnern, erinnern sich ebenso, mit wem Sie geredet haben, was es zu essen oder zu trinken gab, ob Musik spielte und so weiter. Den vorgestellten Daten, die aus einem der Speicher Ihres Gehirns abgerufen werden, wird immer eine Gefühlsqualität zugeordnet, die in Ihrem Gefühlszentrum (Mandelkern, medizinisch Nucleus amygdalae) ruhte.

Sobald die Gedächtnisinhalte für uns irgendeine Bedeutung haben, können wir sie nur in Verbindung mit einer Gefühlsqualität »denken«. Immer wissen wir, wie wir sie zuletzt empfunden haben, ob wir sie eher lieben oder verabscheuen, wertschätzen oder ablehnen.

Besonders wichtig für die therapeutische Nutzung der Markierungen ist das Gedächtnis und die zentrale Frage, wie treffen Gegenwart und Vergangenheit aufeinander und wie findet diese Vernetzung statt. Inzwischen ist Konsensus zwischen den verschiedenen Disziplinen, die sich mit dem Gedächtnis und seinen emotionalen und kognitiven Prozessen befassen, dass das Gedächtnis nicht wie ein Speicher, Computer oder ein Filmarchiv arbeitet. Das Gedächtnis befindet sich in einer ständigen Interaktion mit der Umwelt und den Veränderungen im Organismus und passt sich diesen Informationen an und verarbeitet sie.

Für diese Vorgänge fehlt bis heute eine griffige Metapher. Der vielleicht bekannteste Gedächtnisforscher – Edelman – vergleicht die Wirkungsweise des Gedächtnisses mit einem »Gewitter im Urwald«. Der Vergleich mit einem Computer oder Speicher sei völlig unpassend. Die Gedächtnisleistung – die Erinnerung – ist ein kreatives Geschehen (in der Gegenwart). Interdisziplinär – auch von den Psychoanalytikern – wird gerne Marcel Proust »Auf der Suche nach der verlorenen Zeit« zitiert. Proust (1974) beschreibt eine Erinnerung wie folgt:

Gleich darauf führte ich [...] einen Löffel Tee mit einem aufgeweichten kleinen Stück Madeleine darin an die Lippen. In der Sekunde nun, da dieser mit den Gebäckkrümeln gemischte Schluck Tee meinen Gaumen berührte, zuckte ich zusammen und war wie gebannt durch etwas Ungewöhnliches, das sich in mir vollzog. Ein unerhörtes Glücksgefühl, das ganz für sich allein bestand und dessen Grund mir unbekannt blieb, hatte mich durchströmt [...]. Sicherlich muss das, was auf dem Grund meines Ich in Bewegung geraten ist, das Bild, die visuelle Erinnerung sein, die zu diesem Geschmack gehört und die nun versucht, mit jenem bis zu mir zu gelangen. [...] Und mit einem Mal war die Erinnerung da. Der Geschmack war der jenes kleinen Stücks einer Madeleine, das mir am Sonntagmorgen in Combray [...], sobald ich ihr in ihrem Zimmer guten Morgen sagte, meine Tante Leonie anbot, nachdem sie sie in ihren schwarzen oder Lindenblütentee getaucht hatte.

Wie können wir uns jetzt ein Zusammentreffen von Vergangenheit und Gegenwart vorstellen, wenn wir darauf angewiesen sind, unsere Alltagssprache zu benutzen, da wir nicht über die sprachlichen Möglichkeiten von Proust verfügen? Das könnte z.B. so aussehen (angeregt durch Ansermet und Magistretti 2005, S.214–236 und durch ein eigenes Fallbeispiel):

Jürgen fährt jeden Morgen zum Bäcker – ganz früh mit dem Fahrrad. Er muss dabei ständig eine Straße überqueren, die Ampel ist immer »Rot«, es ist fast nie ein Auto oder ein Fußgänger unterwegs. Jürgen fährt deshalb immer bei »Rot« über die Straße, manchmal hat er ein leicht schlechtes Gewissen, aber er betätigt nicht die Fußgängerampel und wartet auf »Grün«. An einem Morgen stoppt er plötzlich, drückt die Ampelanlage und wartet. Er denkt ganz kurz »Komisch, was ist los mit dir?« Die neue Situation ist sozusagen in einem flüchtigen Gewahrsein, aber sie wird nicht wei-

ter bewusst überlegt. Am nächsten Morgen hält er wieder an »Komisch, heute schon wieder!« Beim Warten sieht er auf die Litfaßsäule fünf Meter neben der Ampel: dort hängt ein neues Plakat, das er bisher bewusst nicht gesehen hat. Das Werbeplakat zeigt ein glückliches junges Paar in einem Auto mit offenem Verdeck, zu Beginn einer Urlaubsreise. Jürgen denkt an eine eigene Reise zurück, wie lange ist das wohl schon her? Zwölf Jahre oder fünfzehn Jahre, das hat doch so schön angefangen. Einen Augenblick träumt er vor sich hin, dann denkt er: »Ab morgen wirst du wieder bei »Rot« über die Straße fahren, Du weißt ja jetzt, warum Du angehalten hast.

Mit diesem Beispiel möchte ich überleiten zur therapiepraktischen Bedeutung der Markierungen, zum Gegenwartsmoment und zur Begegnung.

Die Begegnung im Gegenwartsmoment

Ich versuche dieses Thema einleitend mit zwei kurzen Ausschnitten zu illustrieren:

Das erste Beispiel gehört zu meiner Anfangszeit als Psychotherapeut. Ein fünfjähriger Junge kommt zur Therapie: er ist sehr in sich gekehrt, abweisend und spricht wenig. Die Therapie war über Monate hinweg außerordentlich langweilig und monoton. Sven spielte auf dem Fußboden für sich, mit Autos oder einer Holzeisenbahn, ich saß daneben, meine Kontaktversuche wurden überwiegend ignoriert. Als der Sommer kam, setzte ich mich immer so auf den Fußboden, dass ich ein bisschen Sonne durch das Fenster des Therapiezimmers genießen konnte, meine

Gedanken wanderten hin und wieder ziemlich weit ab. In einer bestimmten Situation haute Sven mir eine Holzschiene auf die Schulter, das war nachdrücklich spürbar. Ich sah ihn zuerst erschrocken an, sein Gesicht war ziemlich böse und ein bisschen verzerrt. Ich sagte spontan: »Meine Güte, was kannst Du wütend sein.« Ich war nicht nur erschrocken, sondern auch voller Überraschung und Anerkennung. Das hat sich so ergeben und war nicht gesteuert. Dies war ein Wendepunkt in der Therapie.

Ein weiteres Beispiel: Annette, 15 Jahre, erzählte in den Therapiesitzungen überwiegend von ihrem Klauen. Sie ging allein oder auch mit einer Freundin in Kaufhäuser und nahm ziemlich wahllos Kleinigkeiten mit. In den Sitzungen berichtete sie detailliert über diese Abläufe, immer wieder, so dass ich schon ziemlich genervt war. Irgendwann sagte ich verärgert: »Warum erzählst Du mir das eigentlich immer wieder, Du weißt doch ganz genau, dass ich das Klauen nicht in Ordnung finde.« Annette sagte erschrocken: »Ich denke, Sie sind Psychologe«. Ich antwortete: »Ja, ja und auch noch ein ziemlich genervter.« Auch dies war ein Wendepunkt.

Was geschieht in einem »Moment der Begegnung«? Wenn sich der Anfangsstress des Therapeuten in seinen Behandlungen etwas gelegt hat, kann er bestimmte Gleichförmigkeiten im Ablauf jeder Therapiestunde erkennen. Manchmal geht das so weit, dass der Therapeut – wenn er an einen Patienten denkt – ungefähr vorhersagen kann, wie die Behandlungsstunden ablaufen:

• wie ist die Begrüßung?

- wie legt der Patient sich auf die Couch?
- mit welchen Themen wird er wohl beginnen?
- kann er auch schweigen, macht er Pausen?
- es gibt eine große Zahl von gewohnten Wiederholungen.

Stern u.a. nennen diese Vorgänge »*moving along*«. Dann geschieht etwas Unvorhergesehenes! Ich zitiere Daniel Stern (1998):

Zwei einfache Beispiele sollen dies veranschaulichen. Offensichtlich wird mit ihnen der alltägliche Rahmen von Behandlung infrage gestellt. Stellen wir uns einen Patienten in psychoanalytischer Behandlung vor, auf der Couch liegend, der plötzlich sagt: »Ich möchte sehen, was sich in Ihrem Gesicht ausdrückt. Ich werde mich nun aufsetzen und Sie anschauen!« Oder stellen wir uns einen Patienten in einer Therapie im Gegenüber-Sitzen vor, der plötzlich sagt: »Es macht mich krank, Sie dauernd anzuschauen. Es stört mich. Ich werde meinen Stuhl nun herumdrehen und die Wand anschauen, jetzt sofort!« Wenn sich ein »now moment« herausbildet, sind Therapeut und Patient überrascht. Sie sind gewissermaßen von ihrer Wachsamkeit entbunden, da die genaue Form und Erscheinungsweise nicht antizipiert wurde, auch wenn es möglicherweise wahrscheinlich war, dass der Moment sich gleich oder später einstellen würde. Er stellt einen nichtlinearen Sprung dar. Da ein solcher Moment aus dem Gewöhnlichen herausspringt und im Augenblick seines Entstehens nicht antizipiert wird, erleben Therapeut und Patient meist Angst. Sie wissen nicht genau, was sie tun sollen, außer sich schleunigst wieder auf den gewöhnlichen Umgang zurückzuziehen, d. h. sie handeln dann im Schutz etablierter Technik.

Beide befinden sich auf unvertrautem Boden mit all den Möglichkeiten des Versprechens oder des Versagens, die im Nicht-Wissen, was zu tun sei, enthalten sind. Wenn ein Therapeut »weiß«, was er zu tun hat, dann hat er bereits den entscheidenden »now moment« verpasst oder sich auf seine Technik zurückgezogen.

Der »gegenwärtige Moment« kann zu einem »Moment der Begegnung« führen. Dies kann der Fall sein, wenn Patient und Therapeut aus der Situation heraus eine sensible und authentische Antwort finden, die eine veränderte Beziehungsmöglichkeit schafft, die wechselseitig anerkannt und bestätigt wird. Einige Kurzbeispiele sind bereits genannt worden, auch der anschließende Ausschnitt soll diese Veränderungsdynamik illustrieren.

Bitte stellen Sie sich folgende Situation vor: Patient M. fährt zu seiner Analysestunde von außerhalb nach Bremen. Er kommt immer an einem bestimmten Punkt seiner Fahrstrecke an zwei Anfahrtsmöglichkeiten vorbei. Ist der Weg in die Innenstadt zu voll, dann fährt er über ein Stück Autobahn, obwohl das ein Umweg ist. An einem Tag entscheidet er sich für die Autobahn. Kaum ist er auf der Autobahn, da steht er schon im Stau, das konnte er vorher nicht sehen. Mist, denkt er, jetzt kommst du 10-15 Minuten zu spät, und dann musst du dir wieder sagen lassen, dass das ein Widerstand ist, eine freudsche Fehlleistung oder ähnliches. Er denkt darüber nach, warum er vielleicht zu dieser Analysestunde nicht kommen will. Er ist 15 Minuten zu spät, erlebt einen etwas unruhigen, besorgten Analytiker, der wohl schon auf ihn gewartet hat und sein Kissen liegt bereits auf der Couch.

Dies ist ein »*now moment*«. Der defensiv eingestellte Patient trifft auf eine emotional besorgte Antwort seines Therapeuten. Der Patient ist berührt, traurig und erfreut zugleich. Beide – der Analytiker und er – fühlen diesen Augenblick, das Gefühl ist gegenwärtig, vielleicht ist es besser, nicht sofort darüber zu sprechen. Dieser »Moment der Begegnung« verändert das implizite Beziehungswissen des Patienten. Wird dann doch gemeinsam darüber nachgedacht, kann eine Erweiterung des expliziten Wissens hinzukommen. Beide Mechanismen können jeweils für sich oder auch zusammen wirken.

Alle Beispiele verdeutlichen, dass in einem *moving-along*-Vorgang plötzlich ein qualitativ anderer Moment auftaucht – ein »heißer« Augenblick – der den intersubjektiven Zustand der Beziehung durcheinander bringt. Eine Markierung ist in diesem Zusammenhang ein kurzes Signal, dass sich ein affektiv hoch besetzter Augenblick nähert bzw. gleich ereignen könnte. Psychotherapeuten wissen um diesen Augenblick, wenn sie sich in einem *moving-along Vorgang* befinden mit milder affektiver Beteiligung und plötzlich entsteht – wie in den Beispielen beschrieben – ein hellwacher bzw. angespannter emotionaler Zustand. Stern spricht von einem Moment, der beide Beteiligten voll in die Gegenwart holt (1998). Was dann geschieht ist völlig offen. Die referierten Beispiele geben einen positiven Ausgang wieder, mit dem allerdings – so zeigt die therapeutische Erfahrung – nur in einzelnen, besonderen Situationen zu rechnen ist, wie auch der abschließende ausführlichere Ausschnitt beschreibt:

Björn ist 14 Jahre alt, es ist die 16. Therapiestunde. Nach dem Klingeln öffne ich die Praxistür und sehe Björn auf der ersten Treppenstufe in den 2. Stock, gerade an meiner Praxistür vorbeigehen. Er sieht mich überrascht an »Oh, eben gerade habe ich auch gemerkt, dass ich schon zu hoch bin.« Ich bemerke bei mir eine kurze körperliche Aufregung, undeutlich ob positiv oder negativ. Eine Markierung könnte man sagen. Im Praxiszimmer schlägt Björn sofort vor – wie bisher immer nach den Vorgesprächen – dass er Schach spielen möchte. Wir bauen das Spiel zusammen auf und beginnen konzentriert und ehrgeizig. Nach gutem Start macht Björn einen Fehler, den er ganz gut kompensieren kann, kurz danach einen zweiten Fehler. Nach ca. 20 Minuten hat er verloren. Er sinkt in seinen Sessel zurück und starrt vor sich hin.

T.: »Verlieren ist nicht gut«.
B. brummt leise.
T.: »Noch einmal, trotz des Risikos?«
B. antwortet nicht.
T.: Ich werde innerlich unruhig, bisher hatte ich einen normalen Nachmittag.
B. schweigt weiter. Er zieht den Ärmel seines Pullovers hoch, ich sehe seine rote und zerkratzte Haut. Er beginnt sachte zu reiben.
T.: »Irgendwas macht Stress.«
B. zieht den Pullover wieder runter, schweigt weiter.
T.: »Mist«, denke ich, »schon in der 16. Stunde kommt so eine Aufruhr. Was kann ich tun, soll ich überhaupt etwas tun?« Ich entschließe mich, nicht weiter zu warten.
T.: »Erinnerst Du noch den Anfang heute?«
B. schweigt.

T.: »Du warst schon auf der nächsten Treppe, was denkt ein Psychologe?«

B. sieht mich an: »Woher soll ich das wissen?«

T.: »Ein Psychologe denkt, wahrscheinlich wolltest Du nicht kommen.«

B.: »So, so, das denkt ein Psychologe, aber das wissen Sie ja, dass meine Mutter das will und ich nicht unbedingt.«

T.: »Und Du, hast Du es ihr mal gesagt?«

B.: »Diesmal nicht, eigentlich überhaupt nicht, das macht keinen Sinn, da kennen Sie meine Mutter ziemlich schlecht.«

T.: »Das stimmt, ich habe nur zweimal mit ihr gesprochen. Und Du kennst sie ja schon ziemlich lange.« (Das muss wohl etwas spöttisch geklungen haben).

B. sieht mich zu Recht etwas böse an: »Es hat keinen Sinn mit ihr zu sprechen.« B. erzählt einige Beispiele über die kommandierende Haltung seiner Mutter. Er wird immer erregter und ärgerlicher.

T.: »Sie sollte eigentlich anders zu Dir sein, wie denn?«

B.: »Sie könnte auch mal etwas gut finden.«

T.: »Tut sie das nie?«

B.: »Nee, die nicht.«

T.: »Wer denn?«

B.: »Niemand.«

T.: »Unsinn, das gibt es gar nicht.«

B.: »Sie müssen es ja wissen.«

T.: »Ja, das kann gar nicht sein.«

B. denkt wahrscheinlich: »So ein blöder Fatzke.« Er sagt aber nach einer Pause: »Früher bei meinem Vater, da war das anders.« (Die Eltern sind geschieden).

T.: »Fällt Dir eine Situation ein?«

B.: »Als ich im letzten Jahr zu ihm zum ersten Mal mit dem Rennrad gefahren bin. Ich bin die Treppe hoch gerast, den Helm und den abgeknipsten Sattel hatte ich unter dem Arm. Das muss man ja machen, weil er sonst geklaut wird. Er war unheimlich stolz, weil ich so clever war. So war er manchmal, jetzt nicht mehr so.«

Die Stimmung hat sich gedreht. Wir sehen uns offen und freundlich an, ganz in der Gegenwart dieses Augenblicks. Und ich denke ganz kurz aber weniger angespannt: »Was bin ich nur für ein Therapeut, unempathisch und taktlos.« Aber – vielleicht ist es nur ein Trost – wir haben etwas Verlorenes wieder gefunden, in einem allgemeinen Durcheinander unbestimmter Gefühle.

Den Rest der Stunde erzählt B. von gemeinsamen Unternehmungen mit seinem Vater und auch von seinem Vermissen der väterlichen und auch mütterlichen Anteilnahme und Präsenz.

Die Stunde hat bei mir Nachwirkungen. Etwas hat mich gepackt und lässt mich nicht so leicht los: die Markierung zu Beginn der Stunde (»Oh, eben gerade habe ich auch gemerkt, dass ich schon zu hoch bin«). Offensichtlich war es sinnvoll, diese Markierung im Gedächtnis zu behalten, aber zufrieden war ich nicht. Was war mit Björn? Er hatte eine Vaterübertragung auf mich entdeckt, so war meine erste Fassung. Aber was war mit mir?

Auch an den nächsten Tagen – wenn ich an Björn dachte – begannen meine Gedanken immer wieder mit dem Öffnen der Tür und Björn war schon auf der nächsten Treppe. Merkwürdig, wie ich ihm die Tür geöffnet habe. Normalerweise gehe ich den schmalen

Flur entlang, öffne die Tür mit rechts, lasse den Patienten herein, Begrüßung, dann gehe ich als erster zurück, der Patient bleibt kurz an der Garderobe, ich warte dann an der geöffneten Tür im Behandlungszimmer. Ich hoffe, Sie können es sich ungefähr vorstellen, von den gegebenen Räumlichkeiten her ist dieser Ablauf recht nahe liegend und ich halte ihn fast immer ein.

Aber bei Björn war es auffallend anders. Ich öffnete die Tür mit links, streckte die rechte Hand darüber, ging noch weiter an der Tür vorbei, um ihn hereinzulassen. Er ist dann vor mir auf dem Weg ins Therapiezimmer. Was für ein Unsinn – dachte ich – eine Bagatelle, vielleicht nur darüber zu rechtfertigen, dass z.B. Daniel Stern empfiehlt, Gegenwartsmomente in den kleinsten Einheiten zu untersuchen.

Ich phantasierte weiter »Das Öffnen der Tür mit links«. Es dauerte dann nicht mehr lange, dann war ich in meiner eigenen Vergangenheit, als Berufsanfänger in einer großen klinischen Abteilung. Ein Vorbild für einige von uns war ein älterer wissenschaftlicher Mitarbeiter, zu dem wir auch etwas persönlichen Kontakt hatten. Dieser ältere Kollege – sage ich jetzt mal – hatte eine Kriegsverletzung, die den Gebrauch seiner rechten Hand total einschränkte. Das Öffnen der Tür durch ihn, natürlich auch die Begrüßung demzufolge immer mit links. Die Erinnerungen gingen weiter. Der Kollege wurde bei einem Autounfall als Beifahrer erheblich verletzt und fiel für einige Monate aus. Natürlich versuchten wir alle auf dem Laufenden zu bleiben, aber wie das ja manchmal so ist, er geriet auch – scheinbar – etwas in Vergessenheit. Nach vielen Wochen rief er an, ich war am Telefon und er fragte, ob wir nicht einmal wieder zu ihm kommen wollten. Erleichtert und dankbar habe ich kräftig bejaht, den freudig aufgeregten Moment der Begrüßung bei unserem ersten Besuch – er mit links, wir mit rechts – hatte ich vergessen oder verloren und durch die Begrüßung mit Björn wohl wieder gefunden.

Ich fasse die einzelnen Verarbeitungsschritte zusammen:

1. Björn läuft nach dem Klingeln an der Praxistür vorbei. Er zeigt eine »Sofortreaktion« durch seine Überraschung »Oh, eben gerade habe ich auch gemerkt, dass ich schon zu hoch bin.« Ich bezeichne diesen Vorgang als »Markierung«. Für mich heißt Markierung jetzt nur: Björn teilt mir mit: »ich bin an der Praxistür vorbeigelaufen, das habe ich bemerkt und ich finde das überraschend, auffällig oder auch ungewohnt, komisch.« Ich bemerke bei mir eine kurze körperliche Anspannung, eine Aufregung, von der ich nicht weiß, ob sie mehr angenehm oder unangenehm ist. Ich nenne das auch eine Markierung, weil zu der eigentlichen Reaktion etwas angeheftet wird, wie »das fällt mir auf, vielleicht kann das wichtig sein«.

2. Dieser Vorgang geht zunächst verloren im weiteren Geschehen, dem Schachspiel.

3. Die Szene wird wieder gefunden in Form einer zunächst falschen Verknüpfung, dem »Nichtkommenwollen«.

4. Die Szene dreht sich. Die neue Szene wird vertieft.

5. Gefunden wird eine neue Konstruktion der mentalen Repräsentanzen (Wünsche an den Vater trotz des Gefühls der Enttäuschung).

6. Die neue Repräsentanz kann durch den Therapeuten nachträglich bestätigt und vitalisiert werden.

Zusammenfassend lässt sich zu den Markierungen im Gegenwartsmoment Folgendes sagen:
Erinnerungsbilder und Gedächtnisleistungen werden befragt nach ihren jeweiligen Markierungen (körperlich spürbar als Aufregung, Bewertungen als angenehm, schmerzhaft, irritierend, ängstigend usw.). Bei einer Vertiefung oder Bearbeitung wird die emotionale Beweglichkeit, die Empathie- und Introspektionsfähigkeit gefördert. Neue Markierungen können gefunden werden und zu einer therapeutischen Veränderung beitragen.

8. Die Bedeutung der Aggressivität

In ihrer Typologie der Verlassenheit unterscheidet Germaine Guex (1982, S.42) die doppelte Gerichtetheit der Aggression:

Einer beliebigen Entbehrung gegenüber kann ein Mensch auf zwei verschiedene Arten reagieren: Ist er vom Gedanken an das, was ihm fehlt , besessen, so wird er bitter, nachträgerisch und aggressiv sein, er wird alle andern sein Leiden fühlen lassen und von jedem verlangen, es zu lindern. Herrscht dagegen der Gedanke an das, was er bekommen möchte vor, wird er mit allen Mitteln versuchen, die Leere auszufüllen und Befriedigung zu erlangen. Wir stellen fest, dass die Folgen der Liebesentbehrung in der Kindheit zu diesen zwei Haltungen führen kann, wobei die Aggressivität mehr oder weniger stark dominiert: Die eine wird vom Gedanken an den erlittenen Verlust und Schaden getragen, die andere von der Idee eines möglichen Gewinns und der Aussicht auf Befriedigung. Wir werden sehen, dass nicht nur die Veranlagung eines Menschen bestimmt, welche der beiden Haltungen er einnimmt, sondern ebenso sein mehr oder weniger ausgeprägter Mangel an Selbstwertgefühl.

Als einer unserer früheren Lehrer von einem überregionalen Austausch über schwierige Therapieprobleme berichtete, sagte er, dass große Einigkeit unter den Anwesenden bestand: Die größte Aufgabe sei die Aggression, die negative Übertragung im Therapieprozess, dies sei ein besonders schwieriges Problem, sowohl in den Behandlungs- als auch in den Ausbildungsanalysen. Ein wichtiges historisches Beispiel war ein Bericht von A. Kardiner (1979, S.69) über seine Analyse bei Freud.

Freud sagte zu einem Traum von Kardiner:

Anscheinend haben wir hier etwas sehr Wichtiges berührt. Im ersten Traum wollen Sie offenbar nicht, dass ich der Beziehung zu Ihrem Vater nachgehe. Sie wollen, dass das Bild so bleibt, wie Sie es retuschiert haben; deshalb sagen Sie mir im Traum, ich solle die Vergangenheit nicht ausgraben, ich würde doch nichts Wichtiges finden.

Aber warum, fragte ich, habe ich das Bild meines Vaters retuschiert?

Um es sich zu ermöglichen, überhaupt mit ihm zu leben. Sie haben offensichtlich in Ihrer frühesten Kindheit schreckliche Angst vor ihm gehabt. Als Ihre Stiefmutter kam, hat sich jedoch der Charakter Ihres Vaters geändert, und diesen revidierten Charakter wollten Sie behalten und so den zornigen Vater Ihrer ersten Jahre vergessen. Aber Sie blieben ihm gegenüber unterwürfig und gehorsam, um nicht den schlummernden Drachen, den zornigen Vater zu wecken. Meine unmittelbare Reaktion bestand darin, Freuds Deutung zu akzeptieren. Erst viele Jahre später begriff ich, welchen grundlegenden Fehler Freud hier gemacht hatte. Der Mann, der den Begriff der Übertragung erfunden hatte, erkannte die Übertragung nicht, als sie hier eintrat. Er hat einen Umstand übersehen. Ja, als Kind hatte ich Angst vor meinem Vater, aber der, den ich nun fürchtete, war Freud selbst. Er konnte mich aufbauen oder zerstören, was mein Vater nicht mehr konnte. Durch seine Anmer-

kung schob er die ganze Reaktion in die Vergangen-heit, so dass die Analyse eine historische Rekonstruk-tion wurde. Ich hatte mich mehr vor meinem Vater gefürchtet und war ihm gegenüber unterwürfiger ge-wesen, als ich wusste, und ich hatte auch meine Ag-gression und Feindseligkeit ihm gegenüber vor mir selber verborgen.

Diese Interpretation war mir plausibel, erinnerte mich an einige Themen in meiner Lehranalyse und führte auch zu einer umfassenden Suche in der psychoanaly-tischen Literatur zum Thema Aggression. Das war aus unterschiedlichen Gründen schwierig, aus inneren Gründen ohne Zweifel aber auch wegen der sehr un-übersichtlichen Perspektivenvielfalt.

Hilfreich für mich war der Eindruck, dass die Ag-gression sich schrittweise aus der Triebtheorie zu lö-sen begann, mehr emotionspsychologische Teilaspek-te in den theoretischen und praxisbezogenen Beispie-len auftauchten. Einige Zitate und Kommentare habe ich zusammengestellt (Rippe 2009). Praxisbezogen würde ich meinen heutigen Stand mit dem abschlie-ßenden Beispiel beschreiben (Rippe 2009).

Zuerst aber eine kurze Skizze zu den psychoanalyti-schen Aggressionstheorien und ihren ungelösten Fra-gen. Die klassische freudsche Psychoanalyse steht auf dem Fundament der Triebtheorie (den sinnlich-sexuellen und den aggressiven Trieben). Dieses orga-nisierende gedankliche Prinzip besteht auch heute noch, obwohl sich eine Reihe anderer Konzepte ent-wickelt haben. Aber es gibt auch grundsätzlichen Kri-tik: Die Aggression ist nicht plausibel als Trieb definierbar. Deneke (2001, S. 203f.) fasst die Argumente zusammen:

1. Um ein Erleben oder Verhalten als triebbedingt auffassen zu können, müssten drei Bedingungen erfüllt sein.

a) Dem Geschehen muss ein körperlicher Mangelzustand, eine irgendwie geartete physiologische Ist-Sollwert-Differenz zugrunde liegen.

b) Das Geschehen hat im subjektiven Erleben und ggf. für einen anderen beobachtbar den Charakter des Dranghaften.

c) Nach erfolgter Befriedigung stellt sich das Triebbedürfnis spontan wieder ein, wenn der physiologische Mangelzustand erneut angewachsen ist.

2. Hunger, Durst und auch Sexualität erfüllen diese drei Bedingungen, die Aggressivität lässt sich nicht in dieser Weise einordnen.

3. Für die Aggressivität gibt es keine Hinweise auf periodische Verstärkungen, über physiologische Zustandsveränderungen ist nichts bekannt.

4. Aggressionen werden reaktiv ausgelöst – durch reale und phantasierte Bedrohungen und Kränkungen.

Mit Ausnahme von zwei Positionen wird diese Argumentation heute überwiegend akzeptiert. Abweichungen betreffen die Punkte 1b (der Charakter des Dranghaften) und 4 (die Frustrationshypothese), ohne dass überwiegend ein triebtheoretisches Basiskonzept wieder reaktiviert wird.

Zu 1b: Triebähnlich ist die hohe energetische Besetzung und der häufig automatisierte Verlauf, der sich als Resultat unterschiedlicher Psychodynamiken zeigt. Dazu gehören:

- Werden libidinöse Wünsche durch ein strenges Über-Ich verdrängt, kann starke Angst entstehen, die wiederum durch destruktive Aggression abgewehrt wird. Diese Ich-Abwehr der Angst zeigt sich dann in depressiven, psychosomatischen und feindseligen Symptomen und Reaktionen.

- Werden narzisstische Positionen stark beschädigt, entsteht Scham und narzisstische Wut. Diese Aggression kann einen dranghaften, suchtartigen Charakter entwickeln, insbesondere dann, wenn andere Kompensationsmöglichkeiten nicht bestehen.

Zu 4: Gegenüber der Frustrationshypothese wird die konstruktive Variante der Aggression besonders gewichtet (früher häufig als zentrale Ich-Funktion des adgredi bezeichnet), die von den frühen Entwicklungsphasen an besteht und als neugierige Aktivität und zugehendes Interesse zu erkennen ist. Auch dieses Reaktionssystem wird durch die antwortende Umwelt mitentwickelt, so dass es zu einer komplexen Regulierung zwischen zwei Arten der Aggression kommt, die u.a. für eine progressive Entwicklung notwendig ist. Eine Dysregulierung führt zu einer passiven oder feindseligen Reaktionsbasis. Demnach wird von zwei verarbeitenden Systemen ausgegangen, die auch im Hinblick auf ihre psychogenetische Entwicklung erforscht und bearbeitet werden können.

Die historisch bedingte besondere Bedeutung der Triebdiskussion hat wahrscheinlich mit dazu beigetragen, dass die Psychoanalyse emotionale und motivationale Differenzierungen nur zögernd aufgenommen bzw. selbst entwickelt hat. Neben den bekannten Überlegungen zur Lehranalyse und zur psychoanalytischen Ausbildung sehe ich hierin einen weiteren Grund, der eine übersichtliche Rezeption der Aggression in der therapeutischen Praxis behindert hat.

Praxisbeispiel: Die Veränderung des Selbstbildes – ein Gespräch im Rahmen der Zulassung zur psychoanalytischen Ausbildung

Vorbemerkung: Die Zulassung zur psychoanalytischen Ausbildung erfolgt in der Regel in einigen Einzelinterviews (zwei bzw. drei) und häufiger auch zusätzlich durch die Auswertung von Gruppensitzungen, in denen die Kandidaten mit oder auch ohne Thema miteinander diskutieren und reflektieren. Im Laufe der vergangenen Jahre habe ich einige Auswahltagungen mitgemacht, einige Gespräche darüber im Vorfeld geführt, Zusagen und Absagen mitgeteilt und erläutert und einige therapeutische Beratungen im Nachhinein geführt.

Zur Veranschaulichung dieser Erfahrungen möchte ich von einem Gesprächsverlauf berichten, der Material aus verschiedenen Fällen kombiniert. Dies dient nicht nur der notwendigen Anonymisierung, sondern soll auch wiedergeben, wie meine persönliche Beteiligung und mein subjektives Verständnis der Auswahltagungen zu verstehen ist. Andere Therapeuten würden anders interpretieren und intervenieren.

Herr Dieter M. ruft mich einige Tage nach seiner Ablehnung bei der Auswahltagung an. Aufgrund organisatorischer Probleme habe ich ihn nur in einer Gruppe, der Abschlussgruppe, gesehen. Ich habe an den Diskussionen über ihn teilgenommen, habe aber von einigen anderen Bewerbern, die ich häufiger erlebt habe, ein klareres Bild. Ich denke, dass er das weiß und dass er sich an mich wendet, weil er ein therapeutisches Gespräch sucht. Da wir nur wenig Zeit am Telefon haben, besprechen wir nur den Termin und sonst nichts. Vor dem verabredeten Termin fällt mir ein, dass ich doch »vorsichtshalber« noch mal in meine Notizen hineinsehen sollte, empfinde diese Vorbereitungsphantasien als auffällig und nehme mir vor, irgendwann später gründlicher darüber nachzudenken.

Herr M. ist Mitte 30, Psychologe wie ich, er wirkt vorwurfsvoll-beschuldigend, was ich spontan aus dem Gruppengespräch erinnere, und zusätzlich aufgeregt und sehr ärgerlich. Mir ist sofort etwas ungemütlich und ich denke, ich hätte ihm einen anderen Termin geben sollen, nicht gerade heute, wo der Tag sowieso schon voll gepackt ist.

Herr M.: »Ich glaube, ich muss mich bei Ihnen entschuldigen, ich habe unseren Termin wie eine Krisenintervention verabredet, dabei möchte ich eigentlich nur eine gründliche und klare Information über meine Ablehnung« (unterschwellig vermittelt er mir, dass er voller Ärger ist und einen größeren Angriff vorbereitet).

Ich: »Die Unklarheit verstehe ich, aber Sie konnten mich ja bisher nur kurz erreichen und ich hätte Sie ja auch fragen können« (ich versuche also zu beschwichtigen, mich nicht von seinem Ärger anstecken zu lassen).

Herr M: »Sie haben ja eine Funktion an diesem Institut, im Vorstand, Sie sind bestimmt gut informiert. Ich dachte, ich rufe Sie an« (erneut erwischt mich eine Welle des Unbehagens, diesem Angriff so ausgeliefert zu sein).

Ich: »Kann man so sehen, aber die Dozentengruppe, die Sie kennengelernt hat, legt jemanden fest, der mit Ihnen spricht, der ein Einzelinterview gemacht hat, der die Erfahrung eines gemeinsamen längeren Gespräches mit Ihnen hat« (ich versuche immer noch eine ruhige Kommunikation zu unterstützen. Herrn M.'s Bedürfnis nach Klärung finde ich legitim, auch dass er so hartnäckig ist, versuche ich gut zu finden).

Herr M.: »Ich habe mit dem Erstinterviewer zweimal gesprochen, auch mit Frau A., die das zweite Einzelgespräch geführt hat, mir ist nicht viel klar geworden« (ich fühle mich weiter in die Defensive gedrängt. Innerlich beginne ich zu protestieren, immer wieder das Gleiche, da versucht jemand Ordnung und Klarheit zu schaffen, das haut nicht hin, jetzt sitzt er bei mir, ich weiß fast nichts über ihn, sollte ich ihm jetzt ein Protokoll vorlesen, haben wir überhaupt eins? Dann stehen da bestimmt nur diese plakativen normativen Beschreibungen drin, in denen sich fast jeder wieder finden kann. Merkwürdig, ich fange an, mich mit Herrn M. zu identifizieren, obwohl ich doch eigentlich Objekt seiner Attacken bin).

Ich: »Das tut mir leid mit der Unklarheit, da muss man auch als Psychoanalytiker reichlich viel aushalten und dann darf man in einer Sitzung noch nicht mal rumschimpfen.«

Herr M.: (sieht mich amüsiert an) »Aha, das geht Ihnen auch so ... die beiden Kollegen, mit denen ich gesprochen habe, die waren auch ziemlich am Schwitzen.«

Ich: »Das glaube ich, Sie wollen die Klarheit zu Recht, die Psychoanalytiker auch, außerdem wird man ja nicht sonderlich geachtet, wenn man etwas nicht genau erklären kann.«

Herr M.: »So ist es, aber wenn die Auswahltagungen das nicht bringen, dann könnte man ja auch gleich würfeln« (nach zwischenzeitlicher Beruhigung scheint eine neue Welle der Wut hochzusteigen).

Ich: »Da ist was dran mit dem Würfeln, aber trotzdem würde man es nie so machen. Das würde dem Bedürfnis nach Ordnung, Kompetenz und Selbstachtung der Psychoanalytiker überhaupt nicht entsprechen« (komisch, denke ich, so wie ich spreche, klingt es so, als ob ich nicht zu den Psychoanalytikern gehöre. Aha, ich bin auf der Flucht, vor seinen Aggressionen oder vor meinen?).

Ich: »Ich glaube, wir – die Psychoanalytiker – sind doch immer wieder zumindest leicht gekränkt, dass wir Prognosen machen sollen und letztlich nicht können.«

Herr M.: »Das stimmt wohl, aber es ist mir egal, ich bin jetzt der Leidtragende, das Opfer dieses Systems. Mich will man nicht. Ihre Kollegin Frau A. hat gesagt, man würde mir nicht zutrauen, dass ich Regressionen und Krisen geduldig und haltend begleiten kann. Was ist das für ein Argument. Man macht wohl doch auch eine Lehranalyse, kann man das nicht lernen, in sieben Jahren Ausbildung. Ich bin echt der Gelackmeierte.«

Ich: »Ich auch.«

Herr M.: »Wieso?«

Ich: »Real habe ich persönlich Ihnen nichts getan, ich war eine Randfigur der Beurteilergruppe, aber Ihre ganze Empörung und Verzweiflung gilt jetzt mir.«

Herr M.: »Stimmt genau, das sind die Gefühle, aber ich möchte doch wissen, warum man mich eigentlich genau abgewiesen hat und mir diesen Beruf nicht zutraut« (in diesem Augenblick fühle ich mich nicht als Opfer, sondern so etwas wie Anerkennung steigt in mir hoch, wie Herr M. hartnäckig wieder die Kurve gekriegt hat, obwohl seine Gefühle ihn so hin- und herschütteln).

Herr M.: »Ich will doch auch in meinem Beruf weiterkommen, etwas dazulernen, sicherer werden.«

Ich: »Aber Sie bringen einiges mit. Sie haben Fragen, wollen den Dingen auf den Grund gehen, sind hartnäckig, das bringt Spannungen. Aber Sie ziehen sich nicht zurück, Sie bohren weiter.«

Herr M.: (Deutlich milder) »Dann erklären Sie mir doch bitte das System aus der Sicht der Psychoanalytiker.«

Ich: »Will ich versuchen. Ich denke man kann es so sehen. Der Zulassungsablauf enthält wohl eine Überschätzung psychoanalytischer Kompetenz. Es gibt keine Möglichkeit über die Eignung oder Nichteignung eines Kandidaten genau zu entscheiden. Da handfeste Kriterien fehlen, ist es sehr problematisch, jemandem überhaupt die Möglichkeit zu verweigern, seine Fähigkeiten selbst ausprobieren zu können. Da aber einem Lernprozess vorgegriffen wird, gerät die Entscheidung gegen den Kandidaten in die Gefahr, zum Machtmissbrauch zu werden. Um diesem Vorwurf zu begegnen, wird an unserem Institut der Entscheidungsprozess auf viele Schultern verteilt, zwei

Interviews, drei Gruppen, die Zulassungskommission.«

Herr M.: »Um vor der Kritik zu flüchten?«

Ich: »So könnte man es ausdrücken, gesagt wird manchmal, dass der langwierige Entscheidungsprozess Einschätzungen differenziert, Fehler aufheben kann, aber ich denke, das ist eine illusionäre Phantasie.«

Herr M.: »Wo ist der entscheidende Grund, warum wird jemand nicht genommen?«

Ich: »Darüber habe ich auch schon häufig nachgedacht, ich glaube eigentlich, dass ein ganz wichtiger Punkt ist, ob jemand in seiner ganzen Art ankommt, andere für sich gewinnen kann, ohne Grenzen zu überschreiten und zu viel Misstrauen zu wecken.«

Herr M.: »Ich war Ihnen wohl nicht werbewirksam genug!«

Ich: »Sie wissen genau, welche Möglichkeiten es für Sie gibt, den Umgang mit anderen zu gestalten und wann die Schwierigkeiten anfangen.«

Herr M.: »Manchmal ist diese Hartnäckigkeit und diese Bissigkeit ganz gut.« (Langes Schweigen), »vielleicht hätte ich mich vorher informieren sollen, in welches System ich rein gerate. Kann man das?«

Ich: »Auf jeden Fall, ich sehe das auch so, die Hartnäckigkeit und Bissigkeit kann sehr gut sein. Ich denke, es kann gelingen, genauer zu sehen, wann die Hartnäckigkeit sinnvoll ist. Heute in unserem Gespräch ist sie sinnvoll. Sie geben mir ja auch den Raum, dass ich Ihnen meine Gedanken sagen kann, ohne dass Sie Ihr eigenes Ziel dabei aufgeben. Wie fühlten Sie sich denn überhaupt, als Sie auf der Auswahltagung waren?«

Herr M.: »Total angespannt, überall die Konkurrenz, die mir den Platz wegschnappt. Scheiße, wenn ich unbedingt etwas haben will und nicht kriege, dann kann ich nicht loslassen. Ich verbeiße mich immer mehr, das ist der totale Stress, kann ich mit Ihnen da noch mal drüber reden?«

An dieser Stelle des Gespräches räumt Herr M. ein, dass es nicht oder nicht nur um die Information über die Auswahltagung geht, sondern doch um eine Notsituation. Herr M. möchte eine Struktur finden, die ihm helfen soll, die psychischen Konflikte zu klären, in Situationen, in denen er etwas nicht bekommt. Er wirkt jetzt wie ein Jugendlicher, der nach Unterstützung fragt. Mit dieser positiven bzw. leicht idealisierenden Übertragung beenden wir den ersten Termin.

Literaturverzeichnis

Ansermet F, Magistretti P (2005) *Die Individualität des Gehirns.* Suhrkamp, Frankfurt.

Balint M (1970) *Therapeutische Aspekte der Regression.* Klett, Stuttgart.

Bohleber W (1999) (Hrsg) *Therapeutischer Prozess als schöpferische Beziehung. Übertragung. Gegenübertragung. Intersubjektivität.* Psyche.

Bollas C (1997) *Der Schatten des Objekts.* Klett-Cotta, Stuttgart.

Buchholz MB (2005) *Resilienz und Paradoxie – Eckpunkte therapeutischer Entwicklung.* In: Resilienz – Gedeihen trotz widriger Umstände. Internationaler Resilienz – Kongress, Zürich.

Damasio A (2000) *Ich fühle, also bin ich. Die Entschlüsselung des Bewusstseins.* Paul List Verlag, München.

Daser E (1999) *Kognitive und interaktionelle Elemente der Empathie.* Psychotherapie und Sozialwissenschaft, Göttingen.

de Boer H, Rippe B (2000) *Zur psychoanalytischen Behandlung narzisstischer Störungen.* Psychoanalytisches Institut Bremen, Studienkommission.

Deneke FW (1999, 2001) *Psychische Struktur und Gehirn.* Schattauer, Stuttgart.

Erikson EH (1971) *Einsicht und Verantwortung.*

Fischer Taschenbuchverlag GmbH, Frankfurt.

Felgendreher T (2005) *Walter Bertelsmann – vom Bremer Kaufmann zum Worpsweder Maler.* Simmering, Lilienthal.

Fonagy P, Gergely G, Jurist EL, Target M (2004) *Affektregulierung, Mentalisierung und die Entwicklung des Selbst.* Klett-Cotta, Stuttgart.

Freud S (1900) *Die Traumdeutung.* In: Gesammelte Werke *(*1973) Bd. II / III, Frankfurt.

Freud S (1905) *Bruchstücke einer Hysterie – Analyse.* In: Gesammelte Werke (1969) Bd. V, Frankfurt.

Freud S (1910) *Die künftigen Chancen der psychoanalytischen Therapie.* In: Gesammelte Werke (1969) Bd. VIII, Frankfurt.

Freud S (1910) *Über Psychoanalyse.* In: Gesammelte Werke (1969) Bd. VIII , Frankfurt.

Freud S (1912) *Ratschläge für den Arzt bei der psychoanalytischen Behandlung.* In: Gesammelte Werke (1969) Bd. VIII, Frankfurt.

Freud S (1913) *Das Unbewußte*, In: Gesammelte Werke (1965) Bd. X Frankfurt.

Freud S (1937) *Die endliche und die unendliche Analyse.* In: Gesammelte Werke (1969) Bd. XVII, Frankfurt.

Freud S (1938) *Die psychoanalytische Technik.* In: Gesammelte Werke (1968) Bd. XVII (1966).

Glover E (1928) *The Technique of Psychoanalysis*. In: International Universities Press (1955), New York.

Greenberg LS, Rice LN, Elliott R (2003) *Emotionale Veränderung fördern*. Junfermann, Paderborn.

Guex G (1950) *Le Syndrome d'abandon*. Das Verlassenheitssyndrom (1982). Hans Huber, Bern.

Heising G, Brieskorn M, Rost WD (1982) *Sozialschicht und Gruppenpsychotherapie*. Vandenhoeck & Ruprecht, Göttingen.

Hopf H (1998) *Aggression in der analytischen Therapie mit Kindern und Jugendlichen*. Vandenhoeck & Ruprecht, Göttingen.

Kahl-Popp J (2007) *Lernen und Lehren psychotherapeutischer Kompetenz am Beispiel der psychoanalytischen Ausbildung*. Ergon, Würzburg.

Kardiner A (1979) *Meine Analyse bei Freud. Kindler,* München.

Kennel K (1974) *Die Entscheidung zur psychoanalytischen Behandlung*. In: Muck M u.a. (1974*) Informationen über Psychoanalyse*. Fischer, Frankfurt.

Lichtenberg JD, Lachmann FM, Fosshage JL (2000) *Das Selbst und die motivationalen Systeme,* Brandes & Apsel, Frankfurt.

Loch W (1979) *Tiefenpsychologisch fundierte Psychotherapie – Analytische Psychotherapie*. Wege zum Menschen 31, 177 – 193.

Lorenzer A (1974) *Die Wahrheit der psychoanalyti-*

schen Erkenntnis. Suhrkamp, Frankfurt.

Lowen A (1988) *Bioenergetik*. Rowohlt, Reinbek.

Mentzos J (2001) *Depression und Manie, Psychodynamik und Therapie affektiver Störungen*. Vandenhoeck & Ruprecht, Göttingen.

Mertens W (1991) *Einführung in die psychoanalytische Therapie. Bd.3*. Kohlhammer, Stuttgart.

Milch W (2001) *Lehrbuch der Selbstpsychologie*. Kohlhammer, Stuttgart.

Moeller, ML (1977) *Zur Theorie der Gegenübertragung*. Psyche.

Orange DM (2004) *Emotionales Verständnis*. Brandes & Apsel, Frankfurt.

Parin P (2004) *Illusionen entkräften*. Neue Züricher Zeitung.

Peters M (2004) *Klinische Entwicklungspsychologie des Alters*. Vandenhoeck & Ruprecht, Göttingen.

Proust M (1974) *Auf der Suche nach der verlorenen Zeit*. Suhrkamp, Frankfurt.

Racker H (1993) *Übertragung und Gegenübertragung*. Reinhardt, München.

Reich A (1950) *On the termination of analysis*. In: Psychoanalytic contributions, International Universities Press (1973), New York.

Rensing L, Koch M, Rippe B, Rippe V (2005) *Mensch*

im Stress. Psyche, Körper, Moleküle. Elsevier Spektrum, München.

Rippe B (1985) *Krisenverarbeitung und Psychoanalyse* – Untersuchungen der Patientenentscheidung bei Aufnahme einer psychoanalytischen Therapie. Dissertation, Bremen.

Rippe B (1998) *Eine psychoanalytische Erzählung.* TFI-Verlag, Bremen.

Rippe B (1995, 2002) *Erfahrungen mit der Psychoanalyse. Über einige Konfliktthemen in der psychoanalytischen Ausbildung und Praxis.* Studienkommission, Psychoanalytisches Institut Bremen.

Rippe B (2003) *Psychotherapeutische Wirkfaktoren aus der Sicht psychoanalytischer Praxis.* CD TFI-Verlag, Bremen.

Rippe B (2005a) *Psychischer Stress.* In Rensing et al. (2005) *Mensch im Stress. Psyche, Körper, Moleküle.* Elsevier Spektrum, München.

Rippe B (2005b) *Bilder Psychoanalyse Geschichten.* TFI-Verlag, Bremen.

Rippe B (2005c) unveröffentlichter Kommentar zu Felgendreher T (2005) *Walter Bertelsmann – vom Bremer Kaufmann zum Worpsweder Maler.* Simmering, Lilienthal.

Rudolf G (2004) *Strukturbezogene Psychotherapie.* Schattauer, Stuttgart.

Sandler J, Dare C, Holder A (1973) *Die Grundbegriffe*

der psychoanalytischen Therapie. Klett-Cotta, Stuttgart.

Schur M (1973) *Sigmund Freud, Leben und Sterben.* Suhrkamp Verlag, Frankfurt.

Sandler J, Dreher AU (1999) *Was wollen die Psychoanalytiker? Das Problem der Ziele in der psychoanalytischen Behandlung.* Klett-Cotta, Stuttgart.

Segal H (1974) *Melanie Klein*: *Eine Einführung in ihr Werk.* Kindler, München.

Segal S (2000) *Kollision mit der Unendlichkeit. Ein Leben jenseits des persönlichen Selbst.* Rowohlt, Reinbek.

Seidel W (2004) *Emotionale Kompetenz.* Elsevier Spektrum, München.

Sloterdijk P (2006) *Zorn und Zeit.* Suhrkamp Verlag, Frankfurt.

Stern D (1998) *The process of therapeutic change involving implicit knowledge*: *some impliciations of developmental observations for adult psychotherapy.* Infant mental health.

Stern D (2005) *Der Gegenwartsmoment. Veränderungsprozesse in Psychoanalyse, Psychotherapie und Alltag.* Brandes & Apsel, Frankfurt.

Stone L (1961) *The Psychoanalytic Situation.* International University Press, New York. Deutsche Übersetzung (1973); *Die Psychoanalytische Situation.* Fischer, Frankfurt.

Strauß B (1977) *Die Widmung.* Deutscher Taschenbuch Verlag, München.

Wangh M (1989) *Freud, Romain Rolland und die Religiösität.* Psyche.

Will AE (2006) *Psychoanalytiker – anders als ihr Ruf? Ein empirisches Porträt.* Psychosozial, Gießen.

Will H (2006) *Psychoanalytische Kompetenzen. Standards und Ziele für die psychotherapeutische Ausbildung und Praxis.* Kohlhammer, Stuttgart.

Yalom ID (1989) *Existentielle Psychotherapie.* Edition Humanistische Psychologie, Köln.

Yalom ID (1990) *Die Liebe und ihr Henker.* Albrecht Knaus Verlag, München.

Yalom ID (2003) *Was Hemingway von Freud hätte lernen können.* Goldmann, München.